어린이교육의 기본 바로 알기 시리즈 ⑨

영유아교육기관에서의 행동지도 바로 알기

김희진 · 김은영 · 성민주 · 송정아 · 안정원
윤진주 · 이세영 · 이주은 · 이초원 · 최혜윤

대한어린이교육협회 창지사

머리말

처음 교사가 되어 교육현장에 나가면, 아이들과 즐겁게 웃으며 하루하루를 보내는 꿈을 꾸게 됩니다. 그동안 배워 왔던 다양한 교육활동을 펼칠 수 있을 것이라 기대도 하지요. 그러나 교사생활을 본격적으로 시작하면 어려움도 많습니다. 특히 자신이 이상적으로 그려 왔던 아이들의 모습과 실제 아이들의 모습 사이의 괴리에 당황하거나 좌절하게 되지요. 상황을 만회해 보려 여러 가지를 시도해 보지만, 금방 해결되지 않으면 마음은 더욱 조급해지고, 이를 '아이의 문제행동'으로 여기게 됩니다.

그래서인지 교사들과 이야기를 나누어 보면, '말 안 듣는 아이'에 대한 고민이 크다는 것을 느끼게 됩니다. 모두 저마다 다른 문제행동지도에 대한 고민을 가지고 있지요. 하지만 문제 같아 보이는 이러한 행동은 어쩌면 문제가 아닐지도 모릅니다. 영유아의 행동이 그저 발달적 특성에 따라 나타난 것일 수도 있고, 개인의 컨디션이나 최근에 발생한 사건과 같은 일시적인 현상일 수도 있습니다. 또한, 영역 배치나 놀잇감의 수와 같은 교실의 환경적 요인으로 인해 발생한 행동일 수도 있으며, 양육자의 태도나 가정환경과 같은 가정적 요인이 크게 작용했을 수도 있습니다. 따라서 영유아의 문제행동을 지도하기 위해서는 표면적으로 드러난 현상만을 바라보고 이를 소거하기 위해 노력하기보다, 영유아의 행동이 나타나게 된 배경부터 이해하는 것이 필요합니다.

이 책에서는 영유아의 바람직한 행동지도 방안을 모색하려 합니다. 교사가 가져야 하는 태도와 지식, 행동에 영향을 미치는 요인, 연령, 개인 영유아의 특성, 개선되어야 하는 행동의 특성을 종합적으로 고려해서 지도하는 것에 초점을 두고 연령별 사례를 기술하였습니다. 교사로서 꿈꾸는 이상적인 학급을 운영하는데 작은 도움이 되길 희망합니다.

2018년 7월 2일

저자 일동

영 유 아
교육기관에서의
행 동 지 도
바 로 알 기

차 례

Ⅲ. 행동지도의 실제 ••• 26

영 유 아
교육기관에서의
행 동 지 도
바 로 알 기

Ⅰ. 영유아교육기관에서의 행동지도

1. 행동지도의 중요성

- 최근 맞벌이 부부의 증가, 가족 구조의 변화, 출산율 감소 등으로 인해 부모의 자녀양육 방식이 과거와 달라지고 있음
- 자녀가 원하는 것은 무엇이든 제공하고 교육적 훈육보다는 맹목적 사랑이 더 반영된 자녀양육을 하므로 가정에서도 바람직한 행동지도가 이루어지지 않고 있음
- 기관을 이용하는 영유아의 연령이 점차 낮아지고 수도 증가하고 있으며 장시간 지내는 경우가 많아 행동지도는 가정뿐만 아니라 기관에서 함께 이루어져야 함
- 기본생활습관, 생활지도, 행동지도, 그리고 진단받은 문제행동 등의 다양한 측면에서 교사의 지도가 이루어져야 함
- 바람직하지 못한 행동이 발생했을 때 조금이라도 더 빨리 지도를 시작하면 더 효과적이고, 영유아가 개인적으로 보다 풍요롭고 행복한 삶을 살아가는 데 도움이 될 뿐만 아니라 건전한 사회를 형성해 가는 데 도움이 됨
- 행동지도는 양질의 교육과정의 일부이지만, 행동지도가 이루어져야 영유아의 학습, 성장, 발달이 최적으로 이루어질 수 있음
- 행동지도는 교사가 학급운영을 원활하게 하는 기초가 됨
- 행동지도에 대한 바람직한 철학, 영유아 발달에 대한 이해, 바람직하지 않은 행동 발생에 영향을 미치는 다양한 요인, 영유아를 지도하는 다양한 지도 방법에 대한 이해가 있을 때 교사의 지도가 영유아에게 긍정적인 영향을 줄 수 있음

2. 행동지도의 정의 및 목표

(1) 용어 정의

- 교사가 사용하는 용어는 교사의 인식을 반영하고 교사의 태도 및 행동에 영향을 미침

용어	의미
기본생활습관 지도	자조기술과 관련된 생활습관 지도
생활지도 (행동지도)	생활할 때 지켜야 하는 태도, 규칙, 행동 양식 등에 대한 지도
문제행동지도	공식: 의학적인 진단명이 있을 정도의 문제가 있을 때 지도
	현장 교사: 모든 영역에서 교사가 문제라고 느끼는 것에 대한 지도

- 상황에 맞게 기본생활습관 지도, 생활지도, 행동지도 등의 용어 사용 (문제행동지도 사용 자제)

(2) 발달이론과 행동지도

- 발달이론은 교사의 행동지도에 다음과 같은 점을 시사함

시사점	발달이론
포괄적 관점에서 부적절한 행동의 원인 찾기	• 생태학적 체계이론
특정한 부적절한 행동의 원인 및 사고 패턴에 대한 발달적 이해	• 모든 단계 이론 • 학습이론(행동주의, 사회학습) • 인지이론(피아제, 정보처리)
발달 단계별 행동지도의 목표	• 정신분석이론(프로이트, 에릭슨) • 인지이론(피아제) • 사회학습이론

시사점	발달이론
교사의 역할	• 애착이론 • 학습이론 • 인지이론 • 사회문화이론
행동지도 전략	• 행동주의이론 • 사회학습이론

(3) 교사가 문제행동 또는 행동지도가 필요한 행동을 규정할 때 고려할 사항

- 교사는 자신이 '문제'라고 느끼는 영유아의 다양한 행동을 문제행동 또는 지도가 필요한 행동으로 규정하는 경향이 있음
- 특히 문제행동으로 규정한 순간 문제가 됨: 부정적 용어의 사용은 부정적 시각을 갖게 함
- 교사의 감정과 태도에 영향을 미침: 또 하나의 성가신 일(짜증, 불만, 부담), 교사 능력 증명에 대한 부담감, 부모(해당 영유아의 부모와 그 외 부모)와의 불편한 관계임
- 정말 문제인가에 대한 판단이 필요함
  - 영유아가 당연히 어려움을 느낄 만한 상황: 학기 초 적응, 동생 출생, 부모 관계 악화
  - 영유아의 문제가 아니라 교사의 학급 운영 미숙으로 인해 발생한 문제 상황: 영유아의 수준보다 너무 낮거나 높은 교사의 기대

(4) 행동지도의 목표

- 교사가 학급 운영의 편리성을 위해 행동지도의 목표를 정하는 것은 자제해야 함
- 행동지도의 목표는 영유아의 성장, 발달, 학습을 지원하는 것이 되어야 함
  - 자신과 타인의 안전을 저해할 가능성이 있는가?

- 운동 능력 발달의 기회를 가질 가능성을 줄이는가?
- 신체적, 정신적, 심리적, 정서적 건강을 유지할 가능성을 줄이는가?
- 독립적으로 일상생활을 영위할 능력의 발달을 저해할 가능성이 있는가?
- 건강하고, 영양적으로 충실하고, 안전한 생활을 할 가능성을 저해하는가?
- 기관에서 교사 및 또래와 건전한 사회적 관계를 맺을 가능성을 줄이는가?
- 자아존중감, 자신감, 자아개념 발달을 저해할 가능성이 있는가?
- 자기 조절, 자기 규제, 위기 대처 능력의 발달을 저해할 가능성이 있는가?
- 자신의 감정을 사회에서 수용하는 방식으로 표현할 능력의 발달을 저해할 가능성이 있는가?
- 기관의 명시적 또는 묵시적인 사회적 규범을 지킬 능력의 발달을 저해하는가?
- 자신의 욕구와 타인의 욕구 간의 균형을 이뤄 대인 간 이슈를 해결할 능력의 발달을 저해할 가능성이 있는가?
- 비폭력적 또는 비공격적 방법으로 문제를 해결할 능력의 발달을 저해할 가능성이 있는가?
- 성장하면서 살아갈 다양한 사회적 맥락에서 적응할 능력의 발달을 저해할 가능성이 있는가?

결론적으로 신체, 인지, 사회, 정서, 언어 발달을 저해할 가능성이 있는 요인들을 줄이기 위해 개선해 나갈 수 있는 방향으로 모색, 지원해야 함

3. 행동지도의 일반적 절차

- 관찰을 통해 지도해야 할 행동의 특성을 파악하고, 행동의 발생 원인을 파악하거나 지도 전략의 수립에 참고할 영유아 개인이나 가정의 특성과 교사와 기관의 특성을 분석하고, 모든 것을 고려하여 지원 전략을 수립하는 절차로 진행됨

관찰을 통해 행동 특성 파악	→	영유아 개인, 가정, 기관의 특성 분석	→	지원 전략 수립
• ABC 서술식 사건 표집법의 활용 • 다양한 측면에서 분석	→	• 영유아 개인의 특성 • 가정의 특성 • 교사나 기관의 특성	→	• 예방적 전략 • 사후 지도적 전략

- ABC 서술식 사건 표집법: 다양한 측면에서 분석한 예

개선이 필요한 행동	친구 따돌리기
개선이 필요한 행동 발생 전 양상(A)	• 일찍 등원하여 놀잇감을 먼저 차지하고 놀 때 더 심함 • 친한 또래와 함께 놀이하는 상황에서 더 심함 • 특정 유아를 따돌리는 경우가 더 많음 • 놀이가 진행된 상황에서 따돌리는 경우가 더 많음 • 모든 놀이 상황보다 자신이 선호하는 놀이(예: 역할놀이) 상황에서 따돌리는 경우가 더 많음 • 교사가 안 본다고 생각할 때 따돌리는 경우가 더 많음
개선이 필요한 행동 양상(B)	• 말(예: "너 안 시켜 줘.", "넌 우리와 못 놀아.")을 사용하여 따돌림(또래가 놀이하는 놀잇감을 뺏기보다) • 같이 놀던 또래를 부추겨 함께 따돌림(예: "○○와 같이 안 놀 거지, 그렇지?") • 따돌린 후 보란 듯이 더 재미있게 놀이하는 모습을 보이려 함

개선이 필요한 행동 후 양상(C)	• 따돌림당한 유아의 특성에 따라 직접 항의하거나 교사에게 도움을 요청함 • 교사가 따돌린 유아에게 이유를 물으면 나름의 이유를 들어 변명하려 함(예: "지난번에는 같이 놀았단 말이에요. ㅇㅇ가 늦게 왔어요. 우리끼리 놀 때 더 재미있어요.") • 교사가 같이 놀 것을 제안해도 고집부리며 거부함 • 학급에서 같이 노는 무리의 리더로 영향력을 행사하려 함

• 영유아의 개인, 가정, 교사 및 기관의 특성 분석의 예

요인	예
개인적 특성	• 까다롭거나 예민한 기질 • 음식, 옷, 놀잇감, 친구 등 일상의 많은 것에 대한 선호가 매우 강한 성향 • 장애(예: 경계성 언어장애, 발달장애, 자폐, ADHA 등) • 형제 관계(예: 외동, 늦둥이, 연령차가 많은 또는 매우 적은 형제자매, 출생 순위 – 맏이, 중간, 막내 등) • 부 또는 모와의 원만하지 못한 관계(예: 다른 자녀 편애) • 순조롭지 않은 과정을 통한 출산(예: 임신 전후 기간에 겪은 다양한 어려움)
가정적 특성	• 바람직하지 않은 자녀양육 태도(예: 높은 기대, 허용적 태도, 비일관적 태도, 방임적 태도, 권위주의적 태도, 무관심한 태도) • 자주 바뀌거나 일정하지 않은 대리 양육자 • 부모 간 또는 부모와 대리 양육자 간의 일치하지 않는 양육 태도 • 원만하지 않은 부부 관계 • 분리된 주거(예: 직장으로 인한 주말 부부) • 가족 유형(예: 한부모 가족) • 친인척 관계를 포함한 가족 관계의 문제(예: 배우자 가족과의 불화) • 가정환경의 급격한 변화(예: 이사, 경제, 이혼, 동생의 출생)

요인	예
교사 또는 기관의 특성	• 사회 · 도덕적 수준이 낮은 학급 분위기(예: 경쟁, 다른 유아의 불편함에 무관심한 교사와 또래 등) • 안정적이지 않은 하루 일과(예: 자주 변하는 하루 일과, 변화에 대해 미리 알려주지 않는 교사 등) • 영유아의 발달과 능력에 대한 이해 부족으로 영유아에 대해 부적합한 기대를 하는 교사(예: 너무 긴 대집단활동, 수준에 맞지 않은 교재 · 교구 등) • 바람직하지 않은 기관의 질 • 영유아의 발달이나 특성을 고려하지 않은 물리적 환경(예: 신체 크기나 영유아의 수에 맞지 않는 공간, 가구, 배치 등) • 종류, 수준, 양 측면에서 부족한 교수 자료(예: 놀잇감, 교수 매체 등) • 자신의 교수 행위를 점검하거나 반성하지 않고 일방적으로 교육하는 교사 • 신체활동을 할 기회를 제한하는 환경과 하루 일과

• 예방적 지원 전략과 사안 발생 후 지원 전략 수립의 예
  - 양질의 프로그램 운영하기
  - 주도적이고 적극적인 학습과 독립적인 일상생활이 가능한 물리적 환경 구성하기
  - 하루 일과를 효율적으로 운영하기
  - 하루 일과의 활동 또는 일과 간의 전이를 순조롭게 운영하기
  - 친밀한 영유아와 교사 관계 조성하기
  - 사회 · 도덕적으로 건전한 학급 문화 조성하기
  - 영유아의 수준에 적절한 학급 규칙 만들기
  - 교사로서 영유아 발달과 개인차에 대한 전문가적 지식 갖추기
  - 현실적인 기대하기
  - 영유아의 개별적 특성을 고려한 지도 방안 수립하기
  - 영유아의 생각, 의도, 감정을 경청하기
  - 교사의 '온몸'을 의사소통에 활용하여 지도하기

- 교사가 영유아에게 기대하는 것을 명확히 전달하기
- 영유아가 교사의 시도에 다양한 방법으로 반응하므로 융통성 있게 지도하기
- 교사가 모범 보이기
- 지도할 상황이 발생하면 즉시 지도하기
- 의사소통할 분위기를 먼저 조성하기
- 부정적인 행동은 무시하고 긍정적인 행동에 교사의 관심 주기
- 바람직한 행동에 초점을 두어 주도하기
- 영유아의 자존감을 해치지 않도록 주의하며 지도하기
- 이유를 설명해 주면서 지도하기
- 문제 해결을 위한 전략을 마련할 때 영유아 참여시키기
- 영유아가 자신을 가라앉힐 방법 찾게 하기
- 선택권 주기
- 문제 해결에 필요한 기술을 가르쳐 주기
- 다양한 지도 전략을 혼합해서 적용하기
- 자신이 한 행동의 결과에 대해 책임감을 느끼고 회복에 기여하도록 지도하기
- 자신의 부적절한 행동에 대한 자연적 결과와 논리적 결과를 경험하게 하기
- 행동주의 이론을 기반으로 한 전략을 신중하게 사용하기
- 지속적으로 관찰하고 즉각적으로 지도하기
- 일관적이나, 영유아의 상태를 고려하여 융통성 있게 지도하기
- 가족과의 협력 계획 세우기

Ⅱ. 영유아교육기관에서의 행동지도 시 고려할 사항

○ 바람직하지 않은 행동을 바라보는 교사의 건전한 시각이 중요합니다.

바람직하지 않은 행동이 발생하였을 경우 해당 영유아 자체가 문제라고 생각하는 것은 오히려 더 문제가 될 수 있습니다. 바람직하지 않은 행동은 누구에게나 발생할 수 있고 시간이나 장소 등 다양한 상황에 따라 일시적으로 나타났다가 없어질 수도 있습니다. 따라서 해당 영유아가 항상 그런 아이라고 단정 짓지 말고, 바람직하지 않은 행동을 하게 된 요인에 대해 다각적으로 분석하고 가장 적합한 방법으로 지도하는 것이 중요합니다.

예를 들어, 교사는 거짓말을 자주 하는 영유아가 있을 경우 그 영유아 자체가 나쁘다고 생각하는 경우가 많습니다. '어린이가 어떻게 저런 거짓말을 할 수 있을까? 정말 나쁜 어린이야.' 하고 단정 짓기도 합니다. 하지만 나중에 알고 보니 부모가 너무 엄격한 나머지 거짓말을 해서라도 그 상황을 모면해야 체벌에서 벗어날 수 있는 영유아일 수도 있고 상상력이 풍부하여 자기만의 세상에서 생각 없이 말했던 영유아일 수도 있습니다.

따라서 교사는 '왜 이런 행동을 할까?'에 대해 깊이 고민하고 이해하려는 태도가 우선되어야 하며, 영유아 자체에 대한 부정적인 선입견을 갖는 것은 바람직하지 않은 행동을 지도하는 데 있어서 걸림돌이 될 수 있습니다. 교사는 바람직하지 않은 행동을 바로잡아야만 하는 문제해결사가 아니라 영유아가 사회 · 정서적으로 바르게 성장할 수 있도록 도와주는 조력자이며 마음을 읽어 주고 기댈 수 있는 든든한 지원자가 되어야 합니다.

○ 다양한 것을 고려하여 문제의 원인을 찾는 것이 중요합니다.

동일한 유형의 바람직하지 않은 행동이 나타났을 경우 모두에게 적용 가능한 유일한 방법은 존재하지 않습니다. 즉, 동일한 문제에서 어떤 영유아에게는 효과적인 방법이었으나, 어떤 영유아에게는 전혀 효과가 나타나지 않는 경우도 많습니다. 그 이유는 각 영유아의 개인적 요인과 환경적 요인이 모두 다르기 때문입니다. 발달, 기질, 유전이나 개인의 컨디션 등 개인적 요인이나 부모의 양육 태도, 가족 구성원, 또래 관계, 영유아교육기관 및 교사, 대중 매체나 인터넷, 심지어 그날의 날씨 등의 환경적 요인에 따라 지도 방법은 다를 수밖에 없습니다.

예를 들면, 기관에 잘 다니던 두 명의 영유아가 갑자기 초기 적응기간과 같이 엄마와 떨어지기를 싫어하고 등원하는 것을 어려워하는 경우가 있습니다. 이런 행동이 나타난 원인으로 한 영유아는 동생이 새로 생겨 엄마의 사랑이 소홀하게 느껴지거나 동생만 집에서 엄마와 함께 있는 것이 싫어서일 수도 있고, 다른 영유아는 한동안 아파서 엄마와 시간을 보내면서 많은 것이 허용되어 그것을 즐기고 싶어서일 수도 있습니다. 전자의 경우에는 동생과 형은 다르다는 것을 이야기해 줄 뿐만 아니라 동생이 자는 동안 또는 잠시 없을 때 온전히 사랑하고 있다는 느낌을 받도록 가정에서 신경을 써 주고 선생님 역시 너를 사랑한다는 것을 느낄 수 있도록 더 많은 관심과 사랑을 보여 준다면 약간의 적응기를 거쳐 해결될 것입니다. 한편, 후자의 경우에는 가정에서 아플 때도 해야 하는 것과 하지 말아야 하는 것에 대한 규칙을 최대한 지키고 일관성 있는 양육 태도를 유지하도록 하며, 반대로 기관에서는 아팠을 때 부모가 보여 준 관심과 허용을 일단 어느 정도 수용하고 점차 원래의 상태로 되돌릴 수 있어야 합니다.

이처럼 문제의 원인에 따른 지도 방법은 단지 하나가 아니며, 영유아의 기질, 발달 등 개인적인 요인도 영향을 미치므로 지도 방법이나 강도, 소요되는 시간 등이 달라지므로 행동지도는 결코 쉬운 일이 아닙니다. 사람은 규격화된 물건이나 정해진 수식이 아니기 때문에 다양한 변인을 고려하여 바람직하지 않은 행동의 원인을 찾는 것이 핵심이 되어야 하고 많은 요인을 알고 있어야 가장 적합한 방법을 적용하는 데 성공을 거둘 수 있습니다.

○ 사회 · 정서적으로 건전한 학급 분위기를 조성하는 것이 필요합니다.

교사가 사회 · 정서적으로 건전한 학급 분위기를 조성한다면 바람직하지 않은 행동이 발생하는 것을 줄이는 데 도움이 됩니다. 교사는 환경적인 것뿐만 아니라 사회 · 정서적으로 안정되고 화목한 분위기를 조성하는 것이 필요합니다. 왜냐하면, 바람직하지 않은 행동의 대부분은 사회 · 정서적인 원인에서 비롯되기 때문입니다. 교사는 행동 수정을 목표로 지도하기보다 사회적, 정서적 지원자가 되어 주는 것이 중요합니다. 우선, 교사는 영유아를 진정으로 사랑하고 정의롭고 공정한 사람의 본보기가 되어 주어야 합니다. 또한, 영유아들 간에도 서로 양보하고 도와주며 같이 공감하는 기회를 자주 제공한다면 또래 간에도 일상의 습관이 되어 바람직하지 않은 행동이 나타날 확률이 현저히 줄어들게 됩니다.

예를 들어, 동일 연령이라도 유난히 행복해 보이고 별문제가 없는 반이 있습니다. 이 학급에서는 남에게 피해가 되지 않도록 공동의 규칙을 정하고 학기 초부터 발달에 적합한 방법을 제시하였습니다. 그리고 자신의 요구를 상대방에게 전달하는 방법에 대해 구체적으로 가르쳐 주었으며 또래와 협력하고 공감하는 활동을 많이 시도한 결과 친구와의 다툼이 다른 학급에 비해 덜 나타났습니다.

화목한 가정에서 문제아 발생 확률이 낮듯이 학급에서도 사회 · 정서적으로 안정되고 건전한 분위기가 마련된다면 바람직하지 않은 행동이 덜 발생될 뿐만 아니라 발생 시에도 훨씬 수월하게 지도해 나갈 수 있을 것입니다.

○ 교사 자신을 돌아보는 시간이 필요합니다.

영유아가 바람직하지 않은 행동을 보일 때 교사는 영유아의 바람직하지 않은 행동에 아무런 원인을 제공하지 않았다고 생각합니다. 그러나 많은 경우 교사는 영유아가 바람직하지 않은 행동을 할 수밖에 없는 상황을 제공합니다.

교사가 좁은 공간에 많은 영유아를 한꺼번에 놀도록 해서 싸움의 소지를 만든 것은 아닌지, 공간 확보를 하기 전에 신체활동을 해서 친구를 다치게 만든 것은 아닌지, 발달상 움직이는 데 많은 시간이 필요한 영아를 심하게 재촉해서 자주 넘어지는 상황을 만든 것은 아닌지 생각해 볼 필요가 있습니다. 또는 교사 자신이 급한 성격이라 느린 기질의 영유아의 행동을 이해하지 못하고 문제시한 것은 아닌지, 영유아가 해야 할 일들을 대신해 주어 자조적 능력을 저하시킨 것은 아닌지 자신의 행동을 되돌아보아야 합니다. 교사의 기분에 따라 감정 조절이 안 돼서 일관성 있게 지도하지 못하고 영유아에 따라 달리 행동한 것은 아닌지, 자신도 모르게 편애하여 문제를 일으킨 것은 아닌지, 시간적 여유 없이 결과에만 초점을 두어 협박과 위협으로 즉각적인 효과를 거두려고 했던 것은 아닌지, 아니면 교사가 다양한 상황(기질, 발달, 부모, 형제 관계 등)을 인식하지 못하고 일반적인 이론으로만 해결하려고 한 것은 아닌지 생각해 보아야 합니다. 교사는 바람직하지 않은 행동을 지도하면서 잘 이루어지지 않은 것에 대해 남의 탓으로 돌리기보다 자신의 반성이 먼저이어야 합니다.

○ 영유아의 행동지도에는 시간이 걸린다는 것을 명심합니다.

교사는 영유아가 바람직하지 않은 행동을 했을 경우 단시간 내에 해결해야 능력 있는 교사라는 인식을 가지고 있습니다. 그러나 영유아가 바람직하지 않은 행동을 보이기까지 잠재된 시간(쌓여 온 시간)이 있었듯이 문제가 되는 행동이 없어지기까지도 시간이 걸립니다. 대부분 바람직하지 않은 행동이 발현되는 데 걸린 시간보다 없어지는 데 더 많은 시간이 걸립니다. 교사는 단시간에 해결해야 한다는 압박 때문에 불필요하게 강한 전략을 사용하거나 잘못된 전략을 사용합니다. 빨리 해결이 안 되면 포기하거나 부모나 영유아의 고집 탓으로 돌리기도 합니다. 그러나 영유아의 바람직하지 않은 행동의 원인은 다양하기 때문에 단시간에 고쳐지지 않으며 어느 정도의 인내와 노력이 필요합니다.

예를 들어, 놀잇감을 혼자 독차지하려는 영유아에게 나눠 쓰는 것을 가르치려 할 때 무조건 나눠 쓰기를 강요하는 것이 아니라 왜 나눠 써야 하는지를 설명해 주고 나눌 다양한 기회를 수시로 제공해 주어야 합니다. 이런 노력이 모여 문제가 해결되기까지는 시간이 걸립니다. 간식을 친구에게 나눠 주는 기회, 컵을 나눠 주는 기회, 자신이 나눠 주고 싶은 놀잇감을 나눠 줄 기회 등을 통해 나눔에 대한 기쁨을 맛볼 수 있도록 하고, 그러한 상황에서 교사가 개입하여 격려와 칭찬을 해 주면 긍정적인 경험으로 인해 스스로 조절하고 변화된 모습을 나타낼 것입니다. 놀잇감을 혼자 독차지하려는 영유아는 집에서 외동으로 자라면서 나눔을 학습하지 못했을 수도 있고 가족으로부터 자신이 원하는 것을 빼앗겨 본 경험이 없기 때문에 그러한 상황을 견디기 어려워했을 수도 있습니다. 특히, 연령이 어릴수록 내 것과 타인의 것을 구분하기 어렵고, 말로 설명하는 것을 이해하기 어려워하므로 많은 반복적 경험을 통해 스스로 인식할 수 있을 때까지 시간이 필요합니다.

따라서 교사는 영유아의 다양한 상황을 고려하여 충분한 시간적 여유를 가지고 지도해야 합니다.

○ 발달수준에 알맞게 지도합니다.

교사가 영유아의 발달수준을 이해하고 그에 적합한 지도를 해 나가는 것은 바람직하지 않은 행동지도에 있어서도 필수적인 일입니다.

예를 들어, 영유아가 놀잇감을 정리하지 않는 경우 유아는 바람직하지 않은 행동으로 볼 수 있으나, 영아는 바람직하지 않은 행동으로 볼 수 없습니다. 영아는 발달상 놀잇감을 잘 정리할 수 없는 것이 당연하기 때문입니다. 영아가 놀잇감을 바구니에 한 개씩 담는 일이나 제자리에 놓는 일을 하려면 조작 능력이나 소근육 발달이 잘 이루어져 있어야 하고 분류나 위치의 개념, 일대일 대응 개념이 있어야 하므로 정리하는 것은 어려운 일입니다. 그래서 영아기는 대부분의 정리를 성인이 도와주어야 합니다.

따라서 교사는 바람직하지 않은 행동이 나타나지 않도록 발달에 적합한 환경을 만들어 주고 적절히 지도해야 합니다. 즉, 놀잇감을 정리할 때는 발달수준에 따라 한두 개의 작은 양부터 시작하고 구체적으로 정리해야 하는 물건을 이야기해 주며 (예 색연필을 여기에 넣어 줄래?) 교사가 대부분의 정리를 도와주는 단계에서 시작해야 합니다. 점차 세부적으로 구분하여 정리하고 정리의 횟수도 늘려 가며 영유아가 대부분의 놀잇감을 스스로 정리할 수 있는 단계에 도달할 수 있도록 환경을 구성하고 지도해야 합니다.

같은 연령대의 영유아보다 천천히 발달하는 영유아의 경우, 연령보다는 발달 수준에 맞춰 지도해야 합니다. 예를 들면, 만 5세 유아가 정서를 조절하는 것이 어려울 때 나이가 5세라고 5세 유아에게 맞는 방법을 쓰기보다는 그 유아의 정서 조절 수준을 먼저 살펴야 합니다. 관찰 결과, 만 3세 유아 수준의 정서 조절 능력을 가졌다면 그 수준에 맞춰 도와주기 시작해야 합니다.

또 다른 사례로, 만 5세 유아가 게임을 할 때 질 경우 몹시 억울해하고 받아들이지 못해 힘들어하거나 친구와 다투는 일이 자주 발생한다면 교사가 유아에게 설명을 해도 쉽게 받아들이기가 어려울 것입니다. 왜냐하면, 동일 연령의 다른 유아보다 오랜 시간 좌절의 경험이 거의 없었을 수도 있고 자신이 늘 최고가 되지 못하면 스스로 불안한 성격일 수 있기 때문입니다. 따라서 타인에 대한 감정을 이해하고 자신의 정서를 조절하며 정해진 규칙을 지켜야 하는 시작 수준부터 차근차근 단계를 밟아 지도하는 것이 필요합니다. 즉, 다양한 상황에 대한 그림이나 사진을 보면서 자신의 감정, 타인에 대한 감정에 대해 이야기를 자주 나눠 다양한 감정에 공감하고 이해할 수 있는 시간을 갖습니다. 또한, 개인의 승부를 겨루는 게임보다는 정해진 편이 없이 자신의 순서나 역할을 수행하고 지는 결과가 뚜렷하지 않아 심리적으로 부담감이 적은 종류의 게임(예: 원 게임)부터 시작하여 승부보다는 함께하는 경험을 즐기고 나서 점차 승부가 정해지는 게임을 해 보면서 진심으로 패자를 격려하는 기회를 제공하는 것이 필요합니다. 가정에서도 무엇이든 마음대로 허락하고 원하는 것을 다 해 주기보다 규칙 지키기, 기다리기, 양보하기 등 스스로 감정을 조절할 수 있는 작은 일부터 기회를 제공하도록 협조를 구하는 것이 필요합니다.

○ 영유아의 기질을 고려하여 지도합니다.

동일한 유형의 바람직하지 않은 행동이 나타나더라도 교사는 각 영유아의 기질을 고려하여 지도해야 합니다. 해당 영유아가 느린 기질인지, 순한 기질인지 또는 까다로운 기질인지를 파악하고 그에 적합한 지도 방법을 적용해야 합니다.

예를 들면, 동일 연령에서 신발을 신고 벗는 데 발달상 문제는 없으나 많은 시간을 요하는 느린 기질의 영유아에게는 다른 영유아보다 많은 시간을 할애하여 준비할 수 있도록 합니다. 이것은 다른 영유아가 신발을 다 신고 그 영유아를 기다려 주는 것이 아니라 먼저 현관에 내보내어 신발을 신는 데 넉넉한 시간을 주고 친구와 이야기를 하거나 다른 방해를 받지 않도록 배려를 해 주는 것입니다. 하지만 늘 그렇게 배려해 주는 것이 아니라 조금 더 익숙해지면 시간적 간격을 줄여 나가 나중에는 동일한 수준까지 도달할 수 있도록 조절해 줍니다.

순한 기질의 영유아에게는 신발 신는 방법에 대해 좀 더 구체적이고 단계별로 이야기해 주며(예 신발장에서 ○○이 신발을 꺼내 보자. 바닥에 앉아서 신어 보자.), 격려와 칭찬을 해 주어 지지자의 역할을 해 주는 것이 바람직합니다. 또한, 신발을 신는 데 방해가 되는 상황(예 다른 일에 관심 보이기, 친구와 이야기하기 등)이 발생할 때는 곧바로 지적해 주고 단호하게 이야기하여 상황을 깨닫게 해 주는 것도 필요합니다.

마지막으로, 까다로운 기질의 영유아에게는 신발을 신기 전부터 좋은 기분을 유지해 주고 격려해 줍니다. 예를 들어, "○○이가 오늘은 신발을 빨리 신을 수 있을 것 같은데?"라고 하거나 "혼자서도 정말 잘 신는구나!"라고 말해 준다면 행동지도에 도움이 됩니다. 또는 자신이 좋아하는 친구 중 행동이 조금 빠른 친구와 짝을 지어 주고 둘이 다 신으면 줄을 설 수 있도록 해도 효과적입니다. 해당 영유아는 다른 사람의 지시보다 좋아하는 친구의 행동이나 말을 쉽게 따르고 받아들이려는 성향이 있으며 책임감도 주어져서 행동지도에 효과가 있습니다. 이후에는 다양한 친구와 짝을 지어 보거나 혼자 해 보는 기회를 제공합니다.

이와 같이 행동지도에 있어서 타고난 기질을 고려하되 그 기질을 온전히 받아 주어 더욱 강화시키는 것이 아니라 점차 스스로 변화되고 조절할 수 있도록 지도해야 합니다.

○ 개선 정도에 따라 점차 발전되고 난이도가 높으며 복합적인 전략을 사용하도록 합니다.

바람직하지 않은 행동 발생 시 개선 정도를 파악하고 낮은 수준부터 높은 수준에 이르기까지 점진적으로 다른 방법과 내용으로 지도해 나가야 하며, 한 가지 전략이 아니라 다양한 원인을 제거하기 위한 복합적 전략을 사용하도록 합니다.

어떤 영유아가 새로운 사물에 접근하기 어려워한다면 단계적으로 접근할 기회를 제공합니다. 예를 들어, 찰흙을 만지기 싫어하는 영유아에게는 처음에 밀가루 반죽과 같이 많이 접했던 것부터 접근하도록 하고 밀가루 반죽을 만드는 과정을 보여 주거나 참여하기(밀가루를 도구로 그릇에 옮기기 등)를 통해 관심을 가져 보도록 합니다. 그래도 직접 참여하기를 꺼린다면 다른 영유아가 하는 것을 지켜보는 기회를 제공하고, 원할 경우 참여하도록 합니다. 또한, 점차 영유아들이 흥미를 보일 수 있는 다양한 도구(밀대, 마늘 다지기, 과자 틀, 짤 주머니, 식기류 등)를 내주어 직 · 간접적으로 경험할 기회를 제공합니다. 이후에 영유아의 행동이 개선되는 정도에 따라 밀가루 반죽에 색소를 첨가하거나 천사점토, 클레이 점토와 같이 손에 잘 붙지 않는 점토에서 갈색 유토, 찰흙 등을 제공하여 경험하도록 합니다. 한편, 영유아가 점토놀이에 흥미는 있으나 손에 직접 닿는 느낌을 싫어한다면 방법적인 측면에서 손 대신 도구를 사용해 보거나 제시된 내용물을 비닐이나 지퍼 백에 넣어 간접적으로 만져 볼 수 있도록 제시해 줄 수 있습니다. 점차 교사가 만든 것을 건네받아 자신이 두고 싶은 곳에 놓아 보게 하거나 내용물 위에 다른 소품이나 물건들로 장식해 보는 경험을 제공해 주어 찰흙놀이에 관심을 갖도록 도와줄 수 있습니다. 이후 눌러 보기, 담기, 늘어트리기 등과 같이 기초 단계부터 음식이나 동물 만들기 등 복잡하고 어려운 단계로 옮겨 가도록 합니다. 위의 내용은 단계적으로 거칠 수도 있으나 생략하고 지나갈 수도 있으며 기질이나 관심, 흥미에 따라 소요되는 기간은 모두 다를 수 있습니다. 따라서 교사는 이러한 사항을 고려하여 공룡에 관심이 많은 영유아라면 공룡과 함께, 자동차에 관심이 많은 영유아라면 트럭과 함께 내준다면 조금 더 수월하게 지도할 수 있을 것입니다.

○ 영유아의 기분이나 상태를 파악하고 지도해야 합니다.

평소에는 전혀 문제가 없는 영유아라도 그날의 상황에 따라 문제가 될 수 있습니다. 오히려 갑자기 그런 현상이 나타나면 교사는 예상치 못했기 때문에 당황하고 더 큰 문제로 인식할 수 있으므로 여러 가지 상황을 고려하여 지도해야 합니다. 예를 들면, 전날 밤늦게 잠자리에 들어 잠이 충분치 못했을 경우, 아침에 부모한테 야단맞고 온 경우, 최근에 친구와 놀이하는 것이 만족스럽지 않았을 경우, 돌봐 주었던 분이 바뀐 경우 등 일시적인 원인이 작용하여 바람직하지 않은 행동을 한 것은 아닌지 생각해 봐야 합니다.

영아의 기분이나 상태에 영향을 미친 원인이 무엇인지에 따라 행동적인 도움보다는 감정적 공감과 관심이 더 필요할 수 있습니다. 예를 들면, 실외활동을 누구보다 좋아했던 영유아가 실외활동 시간임을 알려 주자 갑자기 소스라치게 놀라 울면서 교사에게 매달리며 나가지 않겠다고 하여 원인을 파악해 보니, 최근 부모와 외출했다가 잠시 잃어버려 많이 놀랐던 경험을 한 것을 알게 되었습니다. 이러한 상황에서는 실외활동을 강요하지 말고 당분간 영유아에게 안정감과 믿음을 주는 것이 우선되어야 합니다. 잠시 무섭고 두려웠던 순간에 대해 공감해 주고 "선생님은 항상 네 곁에 있고 언제나 도와줄 수 있어."라고 말해 주며 믿음이 생길 때까지 많은 위로와 관심을 보여 주어야 합니다.

특히, 아침 등원 시 기분은 하루를 좌우할 수 있기 때문에 원인을 빨리 찾아 원래의 상태로 돌아올 수 있도록 도와주어야 합니다. 예를 들어, 잠을 충분히 못 자고 온 영유아에게는 따스한 말 한마디와 더불어 잠시 쉴 수 있는 공간을 제공하거나 편히 쉴 수 있는 시간을 내준다면 친구를 때리거나 짜증을 부리는 일이 나타나지 않을 것입니다. 따라서 갑작스럽게 문제가 발생할 경우에는 최근에 영유아에게 일어난 다양한 상황을 고려하여 지도하는 것이 도움이 됩니다.

○ 부모(가정)와 협력해서 지도합니다.

영유아의 바람직하지 않은 행동은 습관적으로 나타나는 경향이 많고 일상에서 일어나는 경우가 많기 때문에 부모와 협력하여 지도해야 합니다. 특히 영유아의 바람직하지 않은 행동은 교사가 채워 줄 수 없는 부모의 사랑이 원인이 되기도 하고 동생이 태어나거나 이사로 인한 환경의 변화 등 가정 내 문제가 원인이 되기도 합니다. 또한, 부모의 양육 방식이 지금 다니고 있는 교육기관의 철학이나 지도와 많이 다르거나 양육 태도가 일관성이 없다면 행도지도는 효과를 얻지 못하므로 부모의 협력이 절대적으로 필요합니다.

예를 들어, 폭력적으로 행동하는 영유아가 있을 경우 가정에서 폭력물을 많이 보거나 폭력적인 행동에 제재가 없었던 것이 이유였다면 영유아의 행동지도는 교사보다 부모의 협조로 해결될 가능성이 큽니다. 교사가 아무리 반복해서 설명하고 제지하려 해도 폭력적인 행동이 습관화되면 쉽게 고쳐지지 않을 뿐 아니라 원인이 제거되지 않아 이런 바람직하지 않은 행동은 계속 발생합니다. 하지만 영유아의 바람직하지 않은 행동이 나타난 원인을 모두 가정의 책임으로 돌리는 것이 아니라, 영유아의 바람직하지 않은 행동을 지도하기 위해서는 가정은 가정대로 교사는 교사대로 일관성 있고 지속적으로 협력해 나가야 합니다. 교사가 아무리 전문성을 가지고 일한다 해도 개별 영유아를 가장 잘 아는 사람은 부모라는 것을 명심해야 하며 교사가 혼자 모든 것을 해결해야 유능한 교사라는 생각을 버려야 합니다.

Ⅲ. 행동지도의 실제

1. 만 1~2세의 문제행동지도

1. 신체적 안녕을 위한 행동지도

(1) 사례

만 2세 남아 A는 등원 시간 편차가 심한 편이다. 특히 늦잠을 자고 할머니와 10시 이후에 등원한 날에는 낮잠을 아예 안 자고 매트에 누워서 시간을 보내기도 한다. 낮잠을 자지 않은 날은 오후가 되면 졸려서 잠투정이 시작되고 또래와 갈등이 빈번해진다.

가정에 확인한 결과 A는 늦게 퇴근하는 부모님을 기다리다가 같이 놀고 11~12시 사이에 잘 때가 있었다. 늦게 잠드는 날에는 그다음 날 생활 리듬에 악영향을 줘서, 흔들어 깨워도 일어나지 못하고 늦잠으로 이어진다. 할머니는 A가 잠을 늦게 자서 키가 작은 것 같다고 걱정하며 일찍 재우기 위해 애를 쓰며 10시에 불을 끄지만, A는 캄캄한 방에서도 혼자 왕성하게 움직이거나 더 놀고 싶다고 떼를 부린다고 한다.

그러던 중 교사는 낮잠을 자지 않고 누워 있던 A가 이불 속에서 손으로 성기를 만지고 있는 것을 발견한다. 우선 교사는 A에게 다가가 이불을 잘 덮고 자자고 대화를 시도하며, A의 관심을 다른 곳으로 돌린 후 토닥여 주었다. 이러한 일이 우연한 것인지 아닌지를 판단하기 위해 다음 날에도 관찰했다. 낮잠 시간에 교실 조명을 소등하면, 대체로 A는 잠이 오지 않는 듯 눈을 멀뚱히 뜨고 교실 주변을 둘러본다. 때때로 매트 밖으로 굴러다니며 신체놀이를 시도하거나, 옆의 친구를 건드려서 교사의 주의를 받기도 한다. 그러다가 일정 시간이 지나면, 자신의 성기를 만지기 시작한다. 교사는 A가 낮잠 시간에 잠이 오지 않아 지루해서 성기에 대한 관심이 생긴 것으로 추측한다. 그리고 하원 시 확인하면 어김없이 늦게 자고 늦게 일어난 날이었다. 교사는 가정에서도 동일한 행동이 나타나는지 확인 후, 필요 시 가정과 연계 지도하기로 계획한다.

전화 면담 결과 할머니는 보지 못했으나, 어머니는 며칠 전 우연히 발견하고 매우 놀라서 꾸짖었다고 말씀하셨다. 교사는 부모에게 영유아기에 자위 행동은 어른처럼 성적인 상상력을 동원하는 것이 아니고 신체에 관련한 호기심으로 비롯된 것임을 알려 드렸다. 하지만 이러한 행동을 반복하여 습관이 될 경우 향후 개선하기 어려워지므로 당분간 가정과 기관에서 꾸준히 연계 지도가 필요함을 전달했다.

(2) 배경 분석

영아	• 월령에 비해 체구가 작은 편임 • 활동량이 많으며 대근육 활동을 즐김 • 부모의 늦은 퇴근을 기다리다 놀고 싶어 해서 일찍 잠자기를 거부함 • 부모의 퇴근 시간에 따라 수면 패턴이 불규칙함 • 늦게 자는 날은 늦잠을 자서 늦게 등원하고 낮잠 시간에 깨어 있는 경우 많음 • 언어 발달이 빠른 편이며 그림책에 대한 흥미가 높음
가정	• 할머니는 부모님에 비해 허용적인 양육 태도를 가지고 있으며, A가 요구하는 것을 대부분 받아 주심 • 할머니와 하원한 이후 부모님 퇴근 시간까지 할머니와 지냄 • 아빠의 퇴근 시간을 기다린 후 놀이하다가 늦게 잠. 아빠의 퇴근 시간이 늦어지면 계속 자지 않고 기다림
기관	• 낮잠 시간을 12:30~15:00로 운영함 • 낮잠 시간에 개별 낮잠 커버, 베개, 이불을 사용함 • 낮잠 시간에 암막 블라인드를 내린 후, 낮잠 음악을 들려줌 • 각 영아의 낮잠 자는 패턴(예: 늦게 잠이 듦, 잠꼬대, 일찍 깸, 애착물을 가지고 잠 등)을 존중해 줌

(3) 행동지도를 위한 전략

1 지식과 태도 알게 하기

- 규칙적인 수면 습관의 중요성 알게 하기

"잠을 잘 때 키도 크고, 머리카락도 자라나고, 몸이 더 튼튼해진대. 어린이는 9시부터 자야 해. 늦게 자고 늦게 일어나면, 기분이 안 좋고 피곤할 수 있어."
"ㅇㅇ는 몇 시에 잤어? 일찍 자야지 일찍 일어날 수 있어. 아침에 맛있는 간식이 나왔는데 아쉽다. 아침 일찍 오면 ㅇㅇ가 좋아하는 △△놀이도 더 많이 할 수 있어."

- 나의 몸을 소중히 하도록 알려 주기

"쉬하는 곳을 만지면 나쁜 병균이 들어가서 아플 수 있어. 소중한 곳이니까 손으로 만지지 말자. 간지러우면 선생님이 물로 닦아 줄게. 심심해서 그러면 인형을 재워 줄까?"

- 시간의 흐름을 인식하고 정서 조절하도록 지원하기

"어제 엄마, 아빠랑 놀고 싶어서 늦게 잔 거야? 근데 오늘은 △요일이네. ㅇㅇ가 일찍 자고 일찍 일어나면, 아침에도 엄마, 아빠랑 잠깐 놀이할 수 있대. 그리고 토요일, 일요일에는 엄마, 아빠랑 계속 같이 있는 날이야. 토요일, 일요일에 엄마, 아빠랑 뭐하고 놀이하고 싶어?"

2 물리적 지원하기

- 낮잠 시간용 교구 제공하기

예 - 잠이 들기 전까지 조용히 가지고 놀 수 있는 헝겊 놀잇감이나 인형 제공하기
- 좋아하는 그림책을 부모의 목소리로 녹음한 '그림책 음성 녹음 파일' 들려주기

- 낮잠 매트의 위치 고려하기

예 - 양 옆에 일찍 잠드는 또래를 배치하고 차분한 분위기에서 누워 있도록 지원하기
- 구석진 공간은 피하고, 교사의 시야에 잘 보이고 눈 맞춤이 용이한 가운데 장소에 낮잠 매트 배치하기

3 개인적 특성을 고려하여 지원하기

- 늦잠 자고 늦게 등원했을 때 낮잠 잘 수 있도록 일과 중 대근육 활동을 충분히 하며 동적인 에너지 발산시키게 하기

  예 산책하기, 신체 기구 장애물 통과하기, 리듬동작(율동) 표현하기

- 자위행위가 어려운 환경에서 자게 하기

  예 손을 이불 위로 빼게 하기, 좋아하는 인형 안고 자게 하기, 천장을 보고 자게 하기

- 자위 행동을 발견했을 때 수치심 주지 않고 자연스럽게 관심 돌리기

  (성기에 자극을 주는 자세를 바꿔 주며) "선생님이 토닥토닥 해 줄까?", "손을 이불 위로 내놓고 자 볼까?", "다시 바르게 누워 보자."

4 가정과의 연계를 통해 지원하기

- 규칙적인 수면 패턴 만들기

  "ㅇㅇ는 활동량이 많은 편이기 때문에 잠자기 전에 정적인 상태를 지루하게 느끼고 있습니다. 특히 전날 늦게 자고 늦게 일어나서 10시 이후로 등원하는 날에는 ㅁㅁ반 낮잠 시간이 시작하는 12시 30분에 잠이 오지 않는 것이 당연합니다. 낮잠을 자지 않은 날에는 자위 행동도 더 빈번하게 일어나고, 오후 늦게 졸려서 또래와의 갈등이 빈번해지고 있습니다. 따라서 ㅇㅇ가 9시 전후에 취침하고, 7시 전에 일어날 수 있도록 지원해 주세요. (필요에 따라, 맞벌이 가정이기 때문에 ㅇㅇ를 늦게 재울 수밖에 없는 가정의 상황을 공감해 주며) 식사 시간, 목욕 시간, 잠자는 시간 등을 명확하게 규칙으로 알려 주시고 일관성 있게 운영해 주세요. 만약에 ㅇㅇ가 자기 싫다고 떼를 부려도 집안의 조명을 어둡게 한 후, 부모님도 잠시 하던 활동을 멈추고 ㅇㅇ가 잠을 잘 수 있는 환경을 만들어 주시는 것이 중요합니다."

- 영아의 자위 행동에 대해 이해시키고, 부모의 지원 요청하기

  "어린 연령의 경우 자위 행동은 신체에 대한 호기심으로 인해 시작됩니다. 어른처럼 성적인 상상을 하는 것이 아니기 때문에, 어른에 빗대어 생각하고 놀랄 필요는 없습니다. 어른과 다르게 영아들의 경우 자신의 신체 기관에 대해 호기심을 갖고 알아가

는 과정이기 때문에 이러한 시기를 거쳐 갈 수 있습니다. 하지만 호기심으로 시작한 행동이 습관처럼 반복되지 않도록 성인의 도움이 필요합니다. 특히 ○○를 관찰한 결과, 수면 패턴으로 인해 낮잠 시간에 잠을 이루지 못하는 날에 자위 행동이 증가하는 경향이 있었습니다. 만 2세 어린이들은 ○○처럼 일과의 흐름을 이해하거나 수면 시간의 중요성을 이해하지 못합니다. 따라서 부모님의 적절한 도움이 필요합니다. 특히 ○○는 부모님과 함께 놀이하고 싶어서 늦게 자는 경향이 있습니다. 차라리 함께 일찍 잠이 든 후 아침에 잠시 20~30분 동안 놀이 시간을 갖는 것이 적절합니다. 그리고 월~금요일 시간의 흐름에 대해 인식시켜 주신 후, 주말에는 ○○와 함께 충분히 놀이해 주세요. ○○가 시간의 흐름을 이해할 수 있도록, 평일에 미리 주말계획을 세우고 알려 주셔도 좋습니다.

- 가정에서 대근육 활동 충분히 하기

"○○가 대근육 활동이 부족한 날에 더욱 잠자기를 싫어합니다. 따라서 가정에서 ○○가 대근육 활동을 충분히 할 수 있는 환경을 마련해 주세요. 가정 안에 소형 트램펄린이나 푹신한 매트를 마련해 주시면, ○○가 마음껏 에너지를 발산할 수 있습니다. 이 외에도 하원 이후 마트에서 걸어 다니며 함께 장 보기, 집 주변 산책하기, 음악에 맞춰 리듬동작 하기 등을 할 수 있게 지원해 주세요."

- 선호하는 그림책을 읽어 주는 부모의 음성 파일을 요청함

"○○는 그림책 보기를 좋아해서 긴 시간 집중하며 봅니다. 누워 있는 동안 지루한 시간을 감소시키고, 다른 것에 몰두할 수 있게 도와줄 필요성이 있습니다. 따라서 ○○가 좋아하는 그림책을 직접 녹음해서 파일로 보내주세요. ○○가 귀 기울여 들으며 지루하게 느꼈던 시간을 줄일 수 있습니다. 부모님의 목소리로 듣는 경우 어린이들이 특히 더 안정감을 느낄 수 있습니다."

(4) 행동지도 결과

영아의 자위 행동이 차츰 감소함. 수면 패턴이 일정해진 이후 더욱 긍정적인 반응이 나타남. 하지만 간혹 다시 나타날 때가 있으므로 그러한 상황을 가정과 공유하고,

다시 지속적으로 연계 지도함. 이후 유아반으로 진급할 때도 담임교사와 이 부분에 대해 공유하고, 이전에 지도했던 방식에 대해 인수인계함

2. 원만한 또래 관계를 위한 행동지도

(1) 사례

만 2세 남아 A는 또래에 대한 관심이 높으나 또래와의 갈등이 잦은 편이다. A는 또래가 만든 구성물을 말없이 가져가거나 그중 일부 놀잇감을 가져가곤 한다. 또래가 불편함을 호소하여도 못 들은 체하며 빼앗아 간 놀잇감을 놀이에 사용한다. 그뿐만 아니라 A는 자신의 욕구를 충족하기 위해서 공격적인 행동(밀기, 치기, 깨물기 등)을 보이기도 한다. 다 함께 교실에서 나와 대근육 활동실로 이동하는 중, 또래가 자신의 앞을 막는다고 생각이 들면 두 손으로 밀친다. 혹은 화장실에서 변기를 사용할 때 먼저 서 있던 또래를 살짝 밀치며 소변을 보려고 한다. 또래가 불편함을 호소하거나 A를 똑같이 밀치면 좀 더 강도 높은 공격적인 행동(손으로 꽉 쥐기, 꼬집기, 깨물기 등)을 취한다. 컨디션이 좋지 않을 때는 이러한 갈등 상황이 더욱 자주 일어난다. 특히 낮잠을 자지 못하면, 오후 일과에 갈등이 매우 잦게 일어난다.

일과 중에 교사는 A와 또래와의 갈등을 중재하느라 바쁘다. A는 교사가 갈등 중재에 나설 때마다 주양육자인 할아버지를 찾으며 크게 울음을 터뜨린다. 교사는 A가 울음을 그치고 또래에게 사과해 볼 것을 권유한다. 그러나 월령에 비해 언어 발달이 느린 A는 미안한 마음을 어떻게 표현할지 몰라 교사를 쳐다보기만 한다.

맞벌이 부모님 대신 A의 양육을 도맡아 주시는 할아버지께 일과 중 일어난 일에 대해 여러 번 말씀을 드리자, 가정에서도 자기 뜻대로 되지 않으면 바로 울면서 떼를 쓴다고 한다. 또한, 이전에 다녔던 기관에서도 이와 같은 행동을 보였다고 한다. 교사는 부모님과 전화를 통해서도 A의 행동에 대해 알리고, 가정에서도 '또래의 놀잇감을 가져가거나 밀거나 때리면 안 됨'을 지도해 주실 것을 부탁드렸으나, A와 또래 간의 갈등은 좀처럼 소거되지 않았다.

(2) 배경 분석

영아	• 월령(4월생)에 비해 언어 발달이 느림. 학기 초반에는 주로 단어 위주로 표현하였고, 학기 중반이 되어서야 1~2어문의 문장을 구성하기 시작함 • 영아기 발달 수준에 따라 자기중심성이 강함 • 자기조절력이 다소 떨어져 자신의 욕구가 즉각적으로 충족되지 않을 때 울음을 터뜨리거나 떼를 씀 • 또래가 하고 있는 놀이에 대한 관심이 높음 • 컨디션이 좋지 않을 때 예민해짐
가정	• 부모님은 직업 특성상 바쁘심 • 조부모님이 함께 살고 있으며 거의 모든 양육을 조부모님이 도맡아 하심 • 어머니께서는 A가 고집이 센 편임을 알고 지도하려 하시나, 조부모님과 함께 지낼 땐 할아버지가 A의 욕구를 즉각적으로 들어주신다고 함 • 부모가 모두 바빠서 교사와 자주 만나지 못함 • 부모, 조부모 모두 A의 문제 상황을 인지하고 있으나 크게 지도하지는 않음
기관	• 개별적으로 등 · 하원함 • 영아의 원활한 오후 일과 참여를 위해 낮잠 시간이 존재함 • 영아의 바람직하지 않은 행동을 즉각적으로 지도 중이나, 근본적인 원인을 파악하고 해결해야 할 필요성 느낌

(3) 행동지도를 위한 전략

1 지식과 태도 알게 하기

- 교사와 신뢰로운 관계를 형성함으로써 교사는 어려운 일이 있을 때마다 도와줄 수 있는 성인임을 알게 하기

  "선생님은 ㅇㅇ가 힘들거나 도움이 필요할 때 도와줄 수 있어. 선생님은 ㅇㅇ를 많이 사랑하고 아낀단다. ㅇㅇ가 속상한 일이 있을 때 선생님을 언제든지 부르렴. 선생님이 도와줄게."

- 놀잇감으로 인한 갈등 상황 시, 적절한 대안이 있음을 알게 하기

  "ㅇㅇ가 친구가 놀이하고 있는 빨간색 블록이 필요하구나. 여기 바구니 안에 보면

다른 빨간색 블록이 많이 있어. 선생님이랑 같이 찾아보자."

"○○는 지금 친구가 놀이하고 있는 공이 필요하구나. 갑자기 친구가 놀이하고 있던 공을 가져가면 친구의 마음이 속상하겠지. 친구가 다 놀이할 때까지 기다려 볼까? 그때까지 선생님이랑 다른 공으로 놀이하고 있을까?"

- 놀이에 필요한 사회적 기술을 반복적으로 안내하기

"같이 할래?", "다 쓰고 줘.", "빌려줘."

"○○가 친구가 만든 집에 들어가고 싶구나. 친구랑 같이 놀고 싶을 때는 뭐라고 말하는 게 좋을까? '같이 놀자.'라고 말하는 건 어때?"

- 갈등 상황 시, 영아가 보인 행동으로 인해 타인이 느꼈을 만한 불편한 감정을 안내하기

"만약에 ○○가 만든 집에 친구가 말없이 들어와서 놀이를 하면 어떨까?"

"○○가 말없이 친구의 놀잇감을 가져가면 친구는 불편하고 속상해."

- 공격적인 행동의 결과를 안내하여 타인의 몸을 불편하게 하면 안 되는 이유, 위험성을 알게 하기

(단호한 어조로) "○○가 친구의 소중한 몸을 깨물어서 상처가 생겼어. 친구의 몸을 불편하게 하는 건 절대 안 돼."

"○○가 친구를 밀면 친구가 넘어져서 다칠 수도 있어."

"○○의 몸도 소중한 만큼 친구의 몸도 매우 소중해. 다치게 해선 안 돼."

2 물리적 지원하기

- 놀잇감은 충분한 수량으로 제공하되, 갈등이 빈번할 경우에는 잠시 소거하는 방안 고려하기

예 - 놀잇감은 항상 같은 종류, 충분한 수량으로 제공하기
- 유아가 강한 집착을 보이거나 독차지하려는 놀잇감은 잠시 소거함으로써 갈등 상황 예방하기
- 영아의 사회성 발달에 따라 소거하기보다 언어적으로 지도하기
- 질서와 규칙, 감정, 공격하는 행동의 결과가 드러난 그림책 제시하기

3 개인적 특성을 고려하여 지원하기

- 영아의 언어적 수준을 고려하여 간단명료한 어휘, 표정, 어조로 지도하기

  (영아가 놀잇감을 말없이 가져갈 때) "이건 친구 거야. 친구의 것을 가져가면 친구는 정말 속상해."

  (영아가 공격적인 행동을 보였을 시, 단호한 어조 및 표정을 지으며) "친구를 이렇게 밀면 친구가 아파. 절대 밀면 안 돼. 친구의 몸은 ○○의 몸처럼 소중해."

- 자기조절력 향상을 위해 일관되고 구체적인 기준을 안내하고 지킬 수 있도록 지원하기

  "손을 씻거나 쉬를 눌 때, 친구가 앞에 있으면 기다리는 거야. 친구의 뒤에 서서 기다려 볼까?"

- 결과 예측 가능한 사고를 하도록 도움으로써 자신의 감정과 행동을 조절하도록 지원하기

  (영아가 울면서 사회적 규범을 따르지 않으려 할 때) "친구들도 똑같이 기다려서 물을 마시고 있는 중이야. ○○가 이렇게 운다고 해서 ○○를 제일 먼저 마시게 도와줄 수 없단다. 친구들도 똑같이 목이 마르단다. 친구 뒤에서 기다려 보자. 선생님이 도와줄게."

- 컨디션 난조인 영아가 쉴 수 있도록 휴식 공간을 마련하고, 일과 시간을 융통적으로 조절하기
  - 전체적으로 편하고 따뜻한 분위기로 환경 구성하기, 영아가 눕거나 기대서 쉴 수 있는 큰 쿠션, 푹신한 쿠션, 천 재질의 인형/바구니 등
  - 다른 영아보다 먼저 누워 휴식을 취할 수 있게 돕기, 대근육 활동 시간에 앉아서 쉴 수 있도록 돕기

- 교사와 함께 놀이하면서 놀이에 필요한 바람직한 상호작용 경험하게 돕고, 영아가 이를 실행할 시에 크게 격려하기

  (교사와 1:1 놀이할 때) "선생님도 ○○가 가지고 있는 기차가 필요해. 다 쓰고 줄 수 있니?"

  (교사에게 바람직한 상호작용을 시도했을 때) "선생님한테 기차를 빌려 달라고 했구나. 정말 잘 얘기해 주었어."

- 교사, 또래와 함께 놀이할 때 놀이에 필요한 사회적인 기술을 사용하도록 돕되, 점차 교사의 개입 수준을 줄이기

  "○○가 친구랑 같이 놀이하고 싶구나. 이럴 땐 '같이 놀자.'라고 말하는 거야."

4 가정과의 연계를 통해 지원하기

- 부모 및 조부모 등 양육에 참여하는 가족 구성원이 지도 방안을 공유하고, 일관된 태도로 지도해 줄 것 안내하기

- 놀잇감 소유욕이나 공격적 행동이 내포된 갈등 상황 시 교사의 지도 방침 공유하기

  "오늘 ○○가 친구의 놀잇감을 말없이 가져가려고 친구를 손으로 미는 일이 있었습니다. 저희는 무슨 일이었는지 ○○와 친구에게 물었고, ○○가 친구가 가지고 있던 놀잇감을 가리키면서 '이거 해.'라고 말을 했습니다. 우선 저희는 친구가 갖고 있던 놀잇감으로 놀이하고 싶었던 ○○의 마음을 읽어 주는 동시에 ○○의 행동으로 인해 속상했을 친구의 마음을 알려 주었습니다. 친구가 가지고 있던 놀잇감이 필요할 때는 '다 쓰고 줄래?'라고 말하는 것임을 알려 주었고, 직접 다시 친구에게 부탁할 수 있도록 도왔습니다. 그리고 친구의 몸을 불편하게 한 것에 대해서도 말로 사과할 수 있도록 지도했습니다. 친구가 교사의 도움을 받아 괜찮다고 말했고, ○○가 친구가 가지고 있던 놀잇감과 똑같은 것을 찾아 놀이할 수 있도록 안내해 주었습니다. 가정에서도 놀잇감이 필요할 때는 친구에게 말로 얘기하는 것임을 알려 주시고, 친구의 몸을 절대 불편하게 해서는 안 된다고 강조하여 알려 주시길 바랍니다. 그리고 놀잇감이 필요할 때, 주변에 똑같은 놀잇감이 있는지 찾아보거나 친구가 다 할 때까지 기다려 보자고 이야기해 주시기 바랍니다."

- 자기중심성이 강하여 발생한 갈등 상황 시 교사의 지도 방침 공유하기

  "오늘 ○○는 친구가 먼저 변기 앞에 서 있었는데 먼저 사용하겠다면서 친구를 몸으로 살짝 미는 일이 있었습니다. 즉시 미는 행동을 중지시킨 후 우선 ○○가 소변을 볼 수 있게 도왔습니다. 이후 ○○를 불러 혹시 먼저 변기를 사용하고 싶었는지 물었습니다. ○○가 그렇다고 고개를 끄덕였고, '만약에 ○○가 먼저 쉬하려고 서 있는데, 친구가 와서 비키라고 말하거나 밀면 어떨 거 같아?'라며 친구가 느꼈을 감정을 인식하도록 도왔습니다. 그리고 혼자 해결하기 힘든 일이 발생했을 시에는 교사

에게 도움을 요청해도 좋다고 말했습니다. 만 2세 영아기는 자기중심성이 강한 시기입니다. ㅇㅇ가 방금 말씀드린 상황처럼 부적절한 방법으로 자신의 욕구를 충족하려 할 때 바로 들어주게 되면, 타인과의 관계에서 무조건적으로 자신의 욕구만을 우선적으로 내세우기 때문에 갈등 상황도 빈번해지게 됩니다. 그러므로 ㅇㅇ가 자신의 욕구를 올바른 방법으로 충족할 수 있도록 충분한 시간과 기회를 주세요."

(4) 행동지도 결과

학기 후반에 이르면서 자신의 욕구를 말할 수 있게 되는 수준으로 언어가 발달되고, 타인의 감정에 관심 갖는 수준으로 사회성도 발달됨. 가정과 기관의 일관된 지도로 인해 문제행동이 거의 관찰되지 않고 있음.

3. 사례 분석 1: 건강한 식사를 위한 행동지도

(1) 사례

만 1세 여아 A는 적응 프로그램부터 음식에 관심이 없고 오전 간식과 점심을 먹지 않았다. 교사는 A의 식사 지도를 위해, 부모와 협의하고 A가 아침을 먹지 않고 등원하도록 하였다. 그러나 배고픔을 느끼면 식사를 할 것이라는 교사와 부모의 기대와는 달리 A는 여전히 식사에 관심이 없었다. A는 손을 씻고 자리에 앉아서 식사하는 또래를 바라보기만 하고, 교사가 떠먹여 주어도 입을 꼭 다물고 있거나 고개를 돌려 버렸다.

적응 프로그램 초기에 교사는 A가 놀이를 멈추지 않고 계속하고 싶어 하는 마음 때문에 식사를 거부하는 것으로 판단했다. 따라서 식사 시간에는 놀이를 멈추고 정리한 후, 책상에 앉아 있도록 지원했다. 하지만 A는 놀이하지 않는 상황에서도 식사하는 또래를 바라보기만 하고 가만히 앉아 있었다. A는 적응 프로그램을 마친 후 기관에서 안정적인 생활을 했고, 교사와 또래랑 함께 놀이하는 것도 무척 즐거워했다. 하지만 A는 간식 및 점심 시간마다 "안 먹어."라고 말하는 것을 반복했다. 교사가 "밥을 먹어야 힘이 나서 재미있게 놀 수 있어."라며 이유에 대해 이야기하기도 하고, "우와! ○○가 정말 맛있다!"라며 먹는 모습을 보여 주기도 하지만, A는 여전히 밥을 먹지 않았다. 교사가 여러 차례 밥 먹기를 권하자 결국 A는 울음을 터뜨리고, 고개를 돌리며 식사를 거부했다.

교사는 원인을 파악하기 위해 부모와 면담했고, A는 가정에서 스스로 먹지 않고 조부모님이 쫓아다니며 먹여 준다는 것을 알게 되었다. 부모와 조부모님은 A가 간식 시간에 자리에 앉아 있는 것도 자체도 놀라워했다. A는 신생아 때부터 먹는 양이 적은 편이었는데, 가정에서 아무리 노력을 해도 식탁에 앉아서 먹지 않았다고 하였다. 어쩔 수 없이 국에 밥을 말아서 떠먹여 주고 있는데, 이것도 제자리에 앉지 않고 돌아다니면서 먹으며, 양이 적은 편이라고 하였다. 그나마 집에서 먹는 식사 내용도 반찬 종류에 따라 먹기 싫은 음식은 뱉어 내는데, 채소는 전혀 먹지 않고 토해 낸다고 하였다. 닭고기와 달걀 반찬을 유독 선호하여 주로 닭고기와 달걀 위주로 구성된 식사를 하고 있었다.

(2) 배경 분석

영아	
가정	
기관	

(3) 행동지도를 위한 전략

1 지식과 태도 알게 하기

2 물리적 지원하기

3 개인적 특성을 고려하여 지원하기

4 가정과의 연계를 통해 지원하기

4. 사례 분석 2: 언어발달이 느린 영아를 위한 행동지도

(1) 사례

만 2세 남아 A는 말이 느린 편이다. A는 도움이 필요한 상황에 처하거나 부정적인 감정을 느꼈을 때 "으"와 같은 소리를 내며 울음을 터뜨린다. 특히 일상생활 속에서 접하는 여러 가지 자조기술을 수행하기 어려울 때 바로 표정을 찡그리며 "으으!"라고 소리친다. '으', '아' 외의 말은 하지 못한다. 같은 학급에 재원 중인 비슷한 월령의 또래는 이와 같은 상황에서 도움이 필요할 경우 교사에게 다가와 "이거 안 돼."라고 말할 수 있다. 교사가 도움이 필요할 경우에는 '도와주세요.'라고 말하는 것임을 알려 주면, 곧바로 따라 할 수 있다. 그러나 A는 교사가 이와 같은 상호작용 방법을 알려 주어도 관심이 없고 "으으!"라고 외치기만 한다.

교사는 A와 상호작용하기 위해 A의 이름을 불렀다. 그러나 A는 쳐다보지 않으며 자신이 하던 놀이에만 몰두하였다. 교사가 A에게 가까이 다가가 다시 한 번 이름을 부르자, 그제야 교사를 쳐다보았다. 교사는 A가 쳐다보고 있는 그림책에 있는 동물을 가리키며 "이게 뭐야?"라고 물었지만, A는 대답하지 않았다. 교사가 "토끼는 어디에 있어?"라고 구체적으로 묻자 A는 토끼 그림을 가리켰다.

등 · 하원을 도와주시는 할머니께 일과 중에 관찰된 A의 언어적 수준을 말씀드리며 혹시 가정에서는 다른 표현을 할 수 있는지 물었다. 할머니는 A가 낯선 성인과는 눈 마주침이 잘 안 되고, 교사가 관찰한 그대로 '으', '아'와 같은 말로만 의사를 표현한다고 하셨다. 이때 A가 할머니께 다가와 손가락으로 정수기를 가리켰다. 할머니는 "A가 물이 마시고 싶구나. 할머니가 떠 줄게."라고 말하며 정수기에서 물을 떠 주었다. 이처럼 등 · 하원 시마다 교사는 A가 할머니께 비언어적인 표현(손가락으로 가리키기, 표정 찡그리기 등)으로 의사표현을 시도하면, 할머니는 A의 표현을 바로 해석하고 들어주는 모습을 종종 관찰할 수 있었다. 이후 교사는 부모님과 전화 통화를 통해 A의 상황에 대해 전달하였다. 부모님은 A가 말이 트이지 않을까 봐 무척이나 걱정되어 언어 치료를 시작하였다고 하셨다. A는 여전히 할 수 있는 말이 거의 없으며, 신발 신기나 밥 먹기 등과 같은 여러 가지 자조기술을 수행할 때까지도 뜻대로 되지 않으면 "으!"와 같은 말을 하고 표정을 찡그리며 도움을 요청한다.

(2) 배경 분석

영아	
가정	
기관	

(3) 행동지도를 위한 전략

1 지식과 태도 알게 하기

2 물리적 지원하기

3 개인적 특성을 고려하여 지원하기

4 가정과의 연계를 통해 지원하기

영유아교육기관에서의 행동지도

영유아교육기관에서의 행동지도 시 고려할 사항

행동지도의 실제

2. 만 3세의 문제행동지도

1. 다양한 활동 참여를 위한 행동지도

(1) 사례

만 3세 여아 A는 교사가 준비한 교육활동에 참여하는 것을 주저한다. A는 교사가 활동에 대해 소개하는 것을 항상 주의 깊게 듣고 또래가 활동하는 모습을 흥미롭게 관찰하지만, 막상 교사가 참여를 권유하거나 자신의 차례가 돌아온 경우 '난 하기 싫은데.', '전 이거 못해요.'라며 거절한다. 특히 동극이나 체육, 게임과 같이 다소 동적이고 여러 또래 앞에서 해야 하는 활동이거나 익숙하지 않은 새로운 활동은 더욱 자신 없어 하며 시도조차 하지 않을 때가 많다. 활동에 대한 부담감과 두려움이 심해질 때는 '엄마 보고 싶어요.'라면서 우는 경우가 있고, 교사가 활동에 왜 참여하기 어려운지, 필요한 도움은 없는지 물어도 의사표현을 하지 않는다.

특별활동 시간에 체육교사가 새롭게 장애물 넘기 활동을 준비해 왔다. 체육활동이 여러 회차 반복되면서 체육 시간에 점차 적응해 나가게 된 A는 장애물 넘기를 해 보기 위해 출발선까지 갔으나 갑자기 울음을 터뜨리며 이후 활동에 모두 참여하지 않고 가만히 앉아 있었다. 체육 시간이 끝나고 교실에 돌아와서야 활동에 있었던 앞구르기를 시도하며 '선생님 저 앞구르기 했어요.', '저 앞구르기 잘하지요?', 'ㅇㅇ아, 같이 앞구르기 하자.' 라고 말하면서 성취감을 보이고 즐거워하였다.

교사는 A가 체육 시간에는 어려워하던 장애물 넘기를 놀이 시간과 같이 편안한 상황에서는 즐겁게 하는 모습을 보고, 활동을 하는 방법(예: 다양한 장애물을 넘는 방법)에 대한 지원보다는 타인의 앞에서 과제를 수행하는 것에 부담감, 어려움을 가지고 있는 것에 대해 지원이 필요하다고 생각하였다.

(2) 배경 분석

유아	• 다양한 교육활동에 관심과 흥미가 있지만, 완벽주의 성향으로 새로운 것, 조금이라도 어렵다고 판단되는 것에 부담감과 두려움을 크게 느낌 • 자신 없는 활동(잘하지 못하는 활동)을 하기 싫다고 돌려 표현함(무관심으로 대처함) • 과정보다는 결과에 치중하며 무엇이든 '잘해야 한다'는 부담감을 가지고 있음 • 부모에 대한 의존도가 높아 간혹 분리가 어려움 • 친한 여아 그룹이 있고 또래와 잘 어울려 놀이함
가정	• 막내인 A에게 큰 걱정과 관심을 보이며 지나치게 허용적, 수용적인 태도를 보일 때가 있음 • 유아의 기본 성향에 대해 잘 파악하고 있음(낯가림, 완벽주의 성향, 회피 성향) • A가 불편함을 느끼는 상황을 제거하거나 피하게 해달라고 교사에게 요청함
기관	• 주제와 관련된 다양한 대소집단 활동을 실시함 • 학습에 대한 경험과 앞으로의 진급을 위해 다양한 교육활동에 참여하도록 격려하고 권유함. 그러나 만 3세 연령 특성상 모든 활동에의 참여를 강요하는 분위기는 아님

(3) 행동지도를 위한 전략

1 지식과 태도 알게 하기

• 활동의 결과보다 과정의 즐거움과 중요성에 대해 상호작용하기

"○○이는 오늘 했던 게임 중 어떤 것이 가장 기억에 남니? ○○이는 개구리가 되어서 점프했던 것이 기억에 남고, 친구들이랑 다 같이 게임을 해서 더 재미있었대. 선생님도 너희들이랑 같이 하니까 더욱 즐거웠고 약속을 잘 지키면서 게임을 하는 모습을 보면서 대견한 마음이 들었어."

• 각자 잘할 수 있는 부분이 다름을 인식하기

예 또래와 서로가 잘하는 일 혹은 어려워하는 일에 대해 이야기 나누기, 또래와 비교하지 않기

"△△는 빨리 달리는 것은 어려워하지만 그림 그리는 것은 좋아하고 자신이 있구나.

○○이는 △△랑 반대네. 서로 도와주면 그림을 그릴 때나 달리기를 할 때 모두 즐겁게 할 수 있겠다."

- 새로운 것을 시도했을 때의 즐거움 알리기

"이 보드게임을 해 보지 않았을 때는 몰랐는데 해 보니까 정말 재미있었어. 어려울 거로 생각했는데 생각보다 어렵지 않고, 너희들과 함께 하니까 더 즐거운 것 같아."

2 물리적 지원하기

- 매력적인 교육활동/수업자료 제시하기

예 다양한 능력과 관심을 가진 유아가 다 참여할 수 있도록 다양한 집단 크기, 활동 수준, 자료를 준비하기

- 집단활동의 경우 집단의 크기 조절하기

예 대집단보다는 소집단으로 활동 진행하기

- 놀이 및 활동을 충분히 관찰할 수 있도록 기회 제공하기

3 개인적 특성을 고려하여 지원하기

- 과제 수행 및 도전에 대한 두려움 덜기

예 교사나 친한 또래와 함께 활동에 참여하기, 전체 활동보다는 부분적으로 참여하기

- 자신감/용기와 관련된 동화 듣기

- 자신 없는 과제를 스스로 충분히 해 볼 수 있도록 시간적 여유 제공하기

예 게임, 동극 등 활동의 경우 첫 번째 그룹의 예시를 본 뒤 두 번째로 활동에 참여할 수 있도록 하기

- 쉽거나 익숙한 종류의 과제부터 제공하고 점차 활동의 난이도 높여가기

  예 게임: 원 게임 등 또래와 함께 동시에 참여하는 게임이나 점수 없이 과정에 중점을 두는 게임부터 시작하여 점수를 매기지 않는 단순한 편 게임, 과정과 결과 모두 중요한 점수 있는 편 게임 등으로 난이도 높이기

- 유아가 특히 부담감을 느끼는 과제를 가정에서나 놀이 중 연습해 볼 수 있도록 안내하기

  예 두 발 모아 유니바를 뛰어넘는 장애물 게임 전 자유놀이 시간에 토끼가 되어 두 발 모아 유니바를 넘는 놀이 함께 해 보기

- 유아의 도전과 시도 등 노력에 대해 칭찬하기

  "(친구와 함께 게임을 시도한 후) 지난번 게임에서는 ○○가 다른 친구들이 하는 것을 옆에서 지켜봤는데, 오늘은 같이 해 보려고 용기를 냈구나. 친한 △△랑 같이 게임을 해 보니 어때? 재미있었니? 그래. ○○가 잘하고 싶은 마음에 함께 게임에 참여해 보지 않았다면 이 게임이 재미있다는 것을 몰랐을 수도 있어. ○○가 용기를 내어 해 봤기 때문에 재미있는 게임 한 가지를 알 수 있게 된 거야. 꼭 게임을 잘할 필요는 없어. 약속을 잘 지키면서 안전하게 놀이하고, 즐겁게 즐기면 되는 거야. 다음에 게임을 할 때도 친구랑 같이 해 볼까?"

- 또래/교사와 '내가 잘하는 것/잘하지 못하는 것/좋아하는 것' 등에 대해 이야기 나누며 '나'의 특징 인식하기

  "○○는 글씨를 못 쓰는 것이 걱정이구나. 대신 ○○는 그림을 그리는 것을 좋아하니까 그림을 그려서 ○○가 하고 싶은 이야기를 보여 줄 수 있겠다. 선생님은 노래를 잘 부르진 못하지만, 부르는 것을 좋아해서 자주 불렀더니 예전보다 자신 있게 부를 수 있게 되었어."

4 가정과의 연계를 통해 지원하기

- 새로운 활동에의 참여를 위한 단계적 지원 방법을 가정과 공유하고 지원 부탁하기

  " ○○가 이목이 집중되는 상황에서 부담감이 크고, 잘해야만 한다는 생각에 선뜻 도전하기를 어려워하는 것 같아요. 가정에서도 ○○가 어려워하거나 피하는 일을 무조건 피하도록 하기보다는 부모님이나 형제가 도와주면서 조금씩 같이 시도해 볼 수 있게 지원해 주세요. 연구원에서는 처음 해 보는 활동에 처음부터 끝까지 모두 참여해 보기 어렵다면 활동 중 가장 부담이 적은 부분부터 조금씩 참여해 볼 수 있도록 지원하려고 해요. 예를 들어, 체육 시간에 모든 장애물을 넘는 것이 부담스럽다면 그중 가장 쉬운 장애물만 해 볼 수 있도록 하는 거예요. 그리고 혼자 하는 것이 어렵다면 교사나 친한 친구와 함께 시도해 볼 수 있게 지원하고, 추후 익숙한 활동부터 혼자 해 볼 수 있도록 격려하려고 해요."

- 유아의 시도를 격려할 때, 적절한 표현 방법 안내하기

  "성인이 은연중에 하는 칭찬이나 격려의 경우에는 결과에 한정된 경우가 많아요. ○○의 경우에는 결과에 치중해서 '잘해야 한다.'는 마음에 선뜻 여러 가지 일에 도전하기를 어려워하는 것이기 때문에 가정에서도 결과보다는 과정, 그리고 ○○가 노력한 부분에 대해 구체적으로 칭찬해 주시면 좋겠어요. 예를 들어, '잘했어.' 같은 모호한 칭찬보다는 '○○가 친구들 앞에서 이야기하는 것을 어려워했는데 오늘은 용기를 내서 앉은 자리에서 친구들과 선생님에게 주말에 지낸 이야기를 해 보았구나. 친구들이 ○○가 주말에 무엇을 했는지 궁금했을 텐데 같이 이야기 나눌 수 있어서 즐거웠겠다.' 같이 구체적인 행동과 그 행동으로 인해 경험할 수 있었던 긍정적인 부분에 대해 언급하고 격려해 주세요."

(4) 행동지도 결과

연중 한 번도 참여하지 않았던 동극 활동에 스스로 참여 의지를 보이며 역할을 맡음. 등장인물 역할은 아니지만 또래와 함께 극 중 음악 연출 역할로 참여해 보며 또래와 함께 하는 활동에 대해 즐거움과 성취감을 느끼는 모습을 볼 수 있었음

아직 새로운 활동에 완전히 거부감이 없는 것은 아니지만, 새로운 활동을 하게 될 경우 교사에게 "△△이랑 같이 할래요.", "선생님이랑 같이 하면 좋겠어요." 하고 적절한 도움을 요청하며 시도해 보는 경우가 늘어남

2. 부정적 감정조절을 위한 행동지도

(1) 사례

만 3세 남아 A는 쌓기놀이를 할 때 또래에 비해 구성물을 크고 정교하게 만든다. 그것을 본 다른 친구들이 같이 놀자고 이야기하면 "싫어."라며 날카롭게 짜증을 낸다. 같은 상황이 여러 번 반복되자 교사는 "혼자 놀기 심심하지 않아? 네 멋진 기차에서 친구들이 놀고 싶어 하는 거 같은데 함께 놀면 어때?"라고 제안했다. A는 "망가지는 거 싫은데."라며 주저하다 교사의 눈치를 본 후 친구들과 함께 놀기 시작했다. 얼마 지나지 않아 한 친구가 A가 만든 기차 중 일부를 망가뜨렸다. A는 친구들에게 삿대질하며 빨리 나가라고 화를 낸다. 순간 온 교실이 고요해진다.

바깥놀이를 나가려고 유아와 교사가 준비를 하는 시간인데 등원부터 기분이 좋지 않았던 A는 거의 준비를 하지 않았다. 교사가 "조금 부지런히 준비해야겠다."라고 이야기하며 A가 옷 입는 것을 도와주려고 등에 손을 대었다. 갑자기 눈을 치켜뜬 A는 교사에게 삿대질하며 "어른이 말이야, 어린이 몸에 손을 대고 말이야."라며 얼굴이 빨개질 때까지 소리를 질렀다.

교사는 A가 부정적 감정을 느꼈을 때 상대(예: 교사나 또래)나 상황(예: 자유선택활동이나 집단활동)에 관계없이 부정적 감정을 강하게 표출하고 가라앉히기까지 시간이 오래 걸린다고 판단했다. 이에 또래도 A를 화내는 유아로 인식하기 시작했고, 사회성 부족과 부정적 감정 조절의 실패가 A의 또래 관계 악화에 영향을 끼칠까 걱정되었다.

하원 시 주양육자인 어머니께 일과 중 있었던 일을 말씀드리며 A가 부정적 감정을 적절히 표현할 수 있도록 함께 지도해 주실 것을 이야기했다.

(2) 배경 분석

구분	내용
유아	• 인지, 언어 발달은 빠르나 사회성이 부족함. 따라서 만 3세 평균 유아보다 본인의 감정은 잘 인식하지만 조절 능력은 부족함 • 작은 일에도 쉽게 짜증을 내며 예민한 기질임. 울기보다는 화내기로 부정적 감정을 표현함 • 쌓기놀이에서 블록을 가지고 매우 높은 단계의 구성물을 만들 수 있으나 협동놀이보다는 혼자 놀이를 선호함

가정	• 맞벌이 가정의 외동아들로 태어남 • 어렸을 때부터 많은 성인 사이에서 또래 갈등 없이 자람
기관	• 교실 내에 2명 이상의 교사가 있음. 문제행동이 나타났을 때 교실 한쪽이나 교실 외에 활용 가능한 다목적 공간(서가, 강당 등)에서 중재 가능함

(3) 행동지도를 위한 전략

1 지식과 태도 알게 하기

- 자신에게 다양한 감정이 있고, 자연스러운 현상임을 알리기

  "○○ 안에는 아주 다양한 마음이 있어. 기쁜 마음도 있고, 슬픈 마음도 있고, 화나는 마음도 있어. ○○도 이런 마음이 든 적 있니? 선생님이나 엄마, 아빠도 기쁠 때, 슬플 때, 화날 때가 있단다."

- 감정을 적절히 표현하는 방법 알리기

  "○○는 언제 기쁜 마음이 드니? 벽돌 블록으로 멋진 기찻길을 만들었을 때 기분이 어때? 기쁠 때는 ○○ 표정이 어떻게 되니? 하하하 크게 소리를 내면서 방긋 웃게 되는구나."

  "○○는 언제 화나는 마음이 들었니? 친구가 실수로 ○○의 기찻길을 치고 지나갔을 때 화가 났던 것 기억나니? 그때 ○○는 어떻게 했었는지 말해 줄 수 있니? 얼굴이 빨개지고, 친구에게 큰 목소리로 화를 내었구나. 친구들과 선생님은 아주 큰 소리에 깜짝 놀랐단다. ○○도 실수로 다른 친구의 놀잇감을 쳤던 것 기억하니? 그때 친구들은 ○○에게 어떻게 이야기해 주었니? 친구도 화가 났지만 ○○에게 고치는 것을 도와달라고 했어. ○○도 그렇게 할 수 있겠니? 만약 ○○ 마음속에 계속 화가 남아 있으면 물을 마시거나, 소파에서 쉬면서 마음을 가라앉혀도 좋아."

- 성인이 유아에게 관심을 가지고 있고, 언제든 지원해 줄 수 있음을 알게 하기

  "○○에게 어려운 일이 있으면 선생님이 언제든지 도와줄 수 있어."

- 또래가 유아에게 관심을 가지고 있고, 함께 놀이하고 싶음을 알게 하기

  "○○가 만든 기찻길이 아주 멋있어서 친구도 함께하고 싶대. 친구랑 같이 기찻길을 더 길게 이어 볼까?"

2 물리적 지원하기

- 감정을 해소할 수 있는/심리적 안정감을 느낄 수 있는 공간 마련하기

  예 구석 공간, 푹신하거나 부드러운 쿠션, 인형, 소파, 카펫을 이용해 구성한 공간

- 다양한 감정을 간접 경험할 수 있는 그림책, 인형, 화보 제공하기

  예 그림책 『기분을 말해봐』, 그림책 『기분이 어때?』

3 개인적 특성을 고려하여 지원하기

- 동화, 노래 등을 활용하여 부정적인 감정을 적절히 해소하는 방법 안내하기

  예 동화 『울끈불끈 화가 나면』, 동화 『소피가 화나면, 정말 정말 화나면』, 노래 '꾹 참았네'

- 유아의 감정에 민감하게 반응하고 대안적 행동 제안하기

  "○○가 하던 블록이 무너져서 아주 속상했구나. 선생님이랑 친구들이 도와줄까? 아니면 잠깐 쉬었다가 ○○가 다시 쌓아 볼래?"
  "친구랑 같이 놀이하고 싶지 않은 거니? 그러면 친구에게 '나중에 같이 놀자.'라고 이야기하면 돼. 친구는 높게 쌓는 걸 잘하니까 같이 하고 싶으면 친구에게 '같이 하자.'라고 얘기하렴."

- 유아의 감정이 격렬해질 때, 공간을 전환하여 상황에서 벗어날 수 있도록 돕기

  (다른 공간으로 이동한 뒤) "○○야. 선생님이랑 여기에서 잠깐 이야기하면서 마음을 가라앉혀 보자. ○○가 이야기할 수 있을 때까지 선생님이 기다려 줄게."
  "조금 전 ○○ 기분이 어땠어? 화가 났구나. 그럼 왜 화가 났는지도 말해 줄 수 있니? 친구랑 부딪혀서 화가 났구나. 둘 다 서로를 보지 못하고 빠르게 가다가 부딪혔구나. 갑자기 부딪히면 깜짝 놀라고 아플 수 있지만 화를 낼 일은 아니란다. ○○가 정말 깜짝 놀랐나 보다. 혹시 아픈 곳이 있니? 선생님이 아픈 곳을 봐줄게."

4 가정과의 연계를 통해 지원하기

- 가정과 유아의 감정, 표현에 대해 공유하고 가정에서 일관되게 지도할 수 있도록 연계하기

  "오늘 ㅇㅇ가 만들던 구성물을 또래가 실수로 치고 지나가 무너지는 일이 있었습니다. 이에 ㅇㅇ가 또래에게 화를 내고 흥분하는 모습을 보여 잠시 교실 밖으로 이동해 마음을 가라앉히는 시간을 가졌습니다. ㅇㅇ가 화난 이유에 공감해 주면서, 객관적인 상황(또래가 실수로 한 것)을 이야기해 주었습니다. ㅇㅇ는 교사의 이야기를 듣고 난 뒤, 진정된 모습으로 다시 놀이를 시작했습니다. ㅇㅇ가 부정적인 감정이 들 때 감정에 대한 공감과 함께 객관적인 상황을 안내하고, '조심해.', '무너뜨리지 마.'와 같이 적절한 표현 방법이나 해소 방법(편안한 공간에서 휴식하기, 물 마시기, 거울 보기 등)을 이야기하고 있습니다. 가정에서도 ㅇㅇ가 부정적인 감정이 들 때 이와 비슷하게 지도해 주시기 바랍니다."

(4) 행동지도 결과

부정적 감정을 느낄 때마다 교사가 제시한 방안을 시도하면서 스스로 감정 조절하는 연습을 함. 또래와의 관계에서 긍정적인 대처 방안이 점차 많아지고 있음

3. 사례 분석 1: 안전한 놀이를 위한 행동지도

(1) 사례

만 3세 남아 A는 싸우는 놀이를 좋아한다. 같은 학급의 남아와 거칠게 놀이하며, 팔과 다리를 뻗어 공격하는 시늉을 하거나 서로 부둥켜안고 뒹굴기도 한다. 놀잇감을 칼처럼 부딪치고, 블록으로 총을 만들어 또래를 겨눈다. 이렇게 싸우는 놀이를 하는 동안 자신도 모르게 자신과 친구의 몸을 다치게 하는 일이 많다. 힘을 조절하지 못하고 신체를 세게 잡거나 할퀴어서 손톱자국이 나기도 하고, 딱딱한 곳에 부딪혀 혹이 나고 멍이 들기도 한다.

그 외에도 놀이가 지나치게 거칠어지며 갈등 상황으로 바뀌고, 놀잇감이 망가지는 일이 종종 발생한다.

교사는 유아가 다칠 때마다 매우 속상하고, 이 사실을 학부모에게 전달해야 한다는 사실도 괴롭다. 이에 따라 교사는 A가 또래와 싸우는 놀이하려는 기색을 조금이라도 보이면 엄한 목소리로 저지하게 되었다. A는 교사가 이처럼 놀이를 중단시킬 때마다 실망하며 아쉬워하였고, 교사가 싸우는 놀이를 발견했을 때는 "비눗방울 총이야.", "청소기 총이야."와 같이 변명한 뒤, 교사가 보지 않는 틈을 타서 다시 싸우는 놀이를 시도하였다. 교사는 이처럼 놀이를 제한하는 것이 과연 근본적인 해결책이 될 수 있을지 고민하게 되었다.

A의 어머니에게 A가 싸우는 놀이를 반복함을 알리자 가정에서 싸우는 내용의 만화를 자주 시청함을 이야기했다. A의 어머니는 A가 가정에서도 만화에서 본 것을 따라 하며 싸우는 놀이를 자주 한다고 한다. A는 가정에서 아버지와 거친 신체놀이, 달리기, 축구를 즐기는데, 이때에도 다치는 경우가 많다고 한다.

(2) 배경 분석

유아	
가정	
기관	

(3) 행동지도를 위한 전략

1 지식과 태도 알게 하기

2 물리적 지원하기

3 개인적 특성을 고려하여 지원하기

4 가정과의 연계를 통해 지원하기

4. 사례 분석 2: 원활한 의사표현을 위한 행동지도

(1) 사례

만 3세 여아인 A는 교실에서 대소집단 활동 등 많은 사람이 모인 자리에서 이야기하는 것을 어려워한다. 학기 초 낯가림이 심한 A는 집단활동처럼 이목이 집중되는 상황이 아니어도 이야기를 하지 않았다. 교사나 또래의 놀이에 관심이 있는 듯 곁에서 지켜보지만 교사의 제안에도 참여하지 않았다. 며칠이 지난 후 A는 교사와 또래의 대화를 듣고 있다가 "나도 그거 해본 적 있는데.", "우리 집에도 그거 있는데."하고 혼잣말처럼 말을 하기 시작했다.

학기 중반에 들어서자, A는 함께 놀이하는 친한 또래집단이 생겼다. 간혹 교사가 이야기를 건넬 때는 부끄러워하며 대답을 회피하는 모습도 보이지만, 친한 또래와의 놀이에서는 자신의 이야기를 적절한 목소리로 이야기할 수 있게 되었다. 또한, 주말에 지낸 이야기를 나눌 때처럼 학급 전체가 모여 앉은 시간에 교사가 이야기하고 싶은 어린이가 있는지 물으면 손을 들어 의사를 표현하기도 하였다. 하지만 막상 교사가 기회를 주었을 때는 입을 다물고 앉은 자리에 가만히 있다가, 생각할 시간이 조금 더 필요한지 묻는 교사의 말에 고개를 끄덕이거나 교사를 그저 바라보았다. 교사는 A에게 생각할 시간을 주고, 다른 아이들에게 다시 이야기 기회를 주었다. 마지막에 다시 A에게 이야기할 준비가 되었는지 물어도, A의 태도에는 변화가 없었다.

실내 자유놀이(자유선택활동) 시간, 교사는 A에게 아까 친구들과 교사에게 들려주고 싶었던 이야기가 어떤 것이었는지 물어보았다. A는 즐겁게 또래와 교사에게 주말에 있었던 이야기를 들려주었다. 나중에 A에게 집단활동 시간에 또래 앞에서 이야기하는 것이 어려웠는지, 어떤 점이 어려운지 묻자 A는 고개를 끄덕이며 부끄러웠다고 이야기했지만 다음번에도 이야기를 하고 싶다고 말했다.

학기 초 교사는 A가 가정에서는 타인과 이야기할 때 어떤 모습을 보이는지와 A의 이전 또래 관계 등에 대해 A의 어머니와 대화를 나눈 적이 있었다. 평소 A의 주양육자는 어머니로, A와 쌍둥이 자매인 B를 혼자 돌보느라 대부분 집에서 시간을 보내고 있으며 평소에는 형제자매를 제외한 다른 또래와 시간을 보내는 일이 거의 없다고 하였다. A의 내향적인 성격과 낯가림 때문에 놀이터나 키즈 카페 등 어린이가 많은 곳에 가게 되었을 때 또래가 다가와 관심을 보여도 부모 옆에 숨으며 대부분 함께 놀이하는 것을 어려워하는 경우가 많다고 하였다. 하지만 가정에서는 자매인 B와 함께 소리를 지르며 뛰어다니거나 큰 소리로 싸우기도 하고, 대화도 잘하는 등 바깥에서의 모습과는 사뭇 다른 모습으로 지낸다고 하였다. A의 어머니는 A의 성향은 이해하지만 사회생활을 할 때의 A가 조금 더 당당하고 용기 있게 타인과 대화하려면 어떻게 지원해 주어야 할지 걱정이 된다고 하였다.

(2) 배경 분석

유아	
가정	
기관	

(3) 행동지도를 위한 전략

1 지식과 태도 알게 하기

2 물리적 지원하기

3 개인적 특성을 고려하여 지원하기

4 가정과의 연계를 통해 지원하기

3. 만 4세의 문제행동지도

1. 안전한 신체활동을 위한 행동지도

(1) 사례

만 4세 남아 A는 높은 곳에 올라가거나 높은 곳에서 뛰어내리기를 좋아한다. 강당에 있는 입식 피아노의 위로 올라가는가 하면, 미끄럼틀을 타고 내려오지 않고 난간을 타고 넘어서 뛰어내리기가 일쑤다. 산책을 하러 가면 통행로 옆의 경계석이나 화단 경계에 올라가는 것은 물론이고, 이러한 행동을 하면서 "야, 이거 봐라."라며 또래를 선동하기까지 한다.

대근육 활동 시간이나 산책 시간이 되면 교사는 A를 제재하느라 바쁘다. 위험한 순간을 발견하면 A가 다칠까 봐 마음이 철렁해서 큰 소리로 '내려오라.', '그만하라.' 등의 이야기를 하게 된다. A는 잠시 멈추는 듯하지만 다시 같은 행동을 반복한다. 하루에도 여러 번 같은 상황을 반복하기 때문에 교사는 A가 규칙에 대해 알면서도 일부러 위험한 행동을 한다고 생각되었다.

등 · 하원을 도와주시는 할아버지께 일과 중 있었던 일을 말씀드리며 유아의 위험한 행동을 함께 지도해 주셨으면 한다고 이야기하였으나, '못 말린다.'라는 반응을 보일 뿐이었다. 부모님과의 전화를 통해서도 유아의 위험한 행동에 대해 알리고 함께 지도를 해 줄 것을 요청하였으나, '아이가 활동적이라서 그렇다.'라며 아이를 두둔하더니 '아이와 이야기해 보겠다.'라고 이야기할 뿐이었다. 전화 통화를 한 다음 날, A는 어머니와 함께 등원하였다. A의 어머니는 A에게 교사도 들리게끔 "너무 위험하게 놀지 마."라고 이야기하였으나 A는 건성으로 다른 곳을 바라보며 "응."이라고 대답하고 곧장 교실로 들어갔다. 교사는 오늘도 사고가 나지는 않을지 걱정이 된다.

(2) 배경 분석

유아	• 활발한 기질이며 평소 위험한 행동을 즐김 • 또래에 비해 운동신경이 좋은 편 • 위험한 행동으로 또래의 관심을 끄는 경향이 있음 • 만 4세 발달 특성상 도전적인 신체활동에 관심을 가지고 참여하며 자신의 능력을 시험해 보고자 함
가정	• 유아의 행동지도에 소극적임 • 다른 가족에 비해 어머니는 양육에 관심을 가지지만 부정적 행동지도에 대한 강도가 낮은 편 • 부모 모두 바빠서 교사와 자주 만나지 못함 • 등・하원을 할아버지께서 하시지만, 유아의 행동을 통제하지는 않음 • 유아의 위험행동 지도에 대해 명확한 기준이 없고, 모호한 태도로 지도함
기관	• 하루 1시간 이상 강당놀이나 산책 등 대근육 활동 시간을 가짐 • 다양한 신체활동을 장려하고 격려하는 편 • 유아의 위험한 행동을 제재하지만, 대체 행동에 대한 안내가 구체적이지 않음

(3) 행동지도를 위한 전략

1 지식과 태도 알게 하기

• 안전한 생활의 중요성 알리기

"우리 몸은 많은 일을 할 수가 있어. 하지만 위험한 행동을 하다가 다리를 다치면 걷고 달리는 것이 불편해지고, 손을 다치면 물건을 잡는 것도 어려워질 거야. 밥을 먹는 것도 불편하겠지. 그래서 우리 몸이 다치지 않고 건강할 수 있도록 하는 것은 아주 중요해."

• 안전과 관련한 학급 규칙 마련에 참여하게 하여 스스로 지키도록 하기

"우리가 다치지 않고 안전하게 놀이하려면 어떻게 해야 할까? ○○는 어떤 규칙이 필요한 것 같니?"

(학기 초 기관 내외 시설 이용 방법을 안내하며) "이 시설을 안전하게 이용하려면 어떻게 해야 할까? ○○가 시범을 보여 줄래?"

- 위험한 행동이 야기하는 결과 알게 하기

"높은 곳에서 매달렸다가 손이나 발이 미끄러지면 바닥에 떨어져서 크게 다칠 수 있어."

"돌 위(경계석)는 좁아서 발만 보고 걷게 된단다. 그러면 선생님, 친구들과 쉽게 멀어질 수 있어." (혹은 "좁아서 발이 쉽게 미끄러지거든. 그러면 쉽게 넘어지거나 다칠 수 있어.")

"앞을 보지 않고 너무 빨리 뛰면 친구들과 부딪히게 돼."

"네가 위험한 행동을 하면서 친구들에게 자랑하면 친구들도 따라 하다가 다치게 될 거야."

"너는 운동을 잘해서 조금 어려운 것도 잘 할 수 있지만 그렇지 않은 친구가 널 따라 하다가 많이 다칠 수도 있어."

2 물리적 지원하기

- 활동 공간의 위험 요소 제거하기

예 유아가 오를 수 있는 높은 곳의 경우 충격 완화용 매트 깔기

- 안전한 놀이가 가능하면서도 모험적이고 도전적인 대근육 활동 환경 마련하기

예 신체 매트를 이용하여 높이 오르거나 뛰어내리기, 건너뛰기가 가능한 신체활동 구조물 만들기

- 너무 흥분하지 않도록 차분한 배경음악 틀어 주기

3 개인적 특성을 고려하여 지원하기

- 안전하게 할 수 있는 도전적인 신체활동 계획하기

예 장애물 게임, 안전매트가 있는 철봉에 매달리기 등

- 유아가 위험한 행동을 하였을 경우, 즉각 멈추게 하고 대체할 수 있는 활동 안내하기

"○○야. 높은 곳에서 내려와. 그곳은 위험해. 대신 선생님과 신체 블록을 높이 쌓아서 통과하기를 해 보자."

"ㅇㅇ야. 돌(경계석)에서 내려오자. 우리 지금부터 바닥의 금을 밟지 않고 저기까지 갈 거야. 함께 해 보자."

- 큰 사고가 예상되는 경우, 놀이 중 일어날 수 있는 위험한 상황을 미리 알리기

  "ㅇㅇ야. 높은 곳에서 떨어지면 머리나 몸을 심하게 다칠 수 있어."

  "밖에서 앞을 보지 않고 달리면, 지나가는 다른 사람이나 자동차와도 사고가 날 수 있어."

- 예상되는 사고가 크지 않은 경우, 위험한 상황을 발견할 시 즉각적으로 지도하기

  (미끄럼틀을 거꾸로 타는 경우) "미끄럼틀을 탈 때는 앞을 보고 내려오자. 미끄럼틀이 언제 끝날지 보지 못해서 내릴 준비를 제때 못 하니까 다칠 수 있어. 머리를 부딪히게 될 수도 있고."

- 산책과 같은 외부 활동의 경우 차분한 성향의 짝과 함께 다니도록 하여 단독으로 위험한 행동하는 것을 예방하기
- 안전한 곳에서 신체활동을 충분히 할 기회를 주기
- 긍정적 행동에 대해서는 충분히 격려하여 인정받는 느낌 들도록 하기

  "ㅇㅇ가 높은 매트도 잘 올라가는구나. 정말 재미있어 보인다!"

4 가정과의 연계를 통해 지원하기

- 가정과 대화를 통해 안전에 대한 교사의 지도방침을 공유하며 그 기준을 명확히 하기

  "ㅁㅁ반에서는 신체활동을 할 때 지나치게 위험한 행동을 하지 않도록 주의하고 있습니다. 어린이들과 공간별 특성을 알아보고 각 공간의 특성에 맞게 안전규칙을 함께 만들어 지키고 있지요. 예를 들어, 놀이터에서 놀이를 할 때는 높은 곳에서 뛰어내리지 않기, 친구에게 모래 던지지 않기와 같은 규칙이 있어요. 만약 어린이가 위험한 행동을 하는 모습을 발견하면 교사가 바로 상황을 중지시키고 안전규칙을 상기할 수 있도록 하고 있습니다. 특히 운동 능력이 발달한 ㅇㅇ에게는 충분히 할 수 있는 일이더라도 친구들이 따라 했을 때 위험할 수 있는 행동이면 기관에서는 하지 않도록 지도하고 있으니 참고해 주시기 바랍니다."

- 부모 및 조부모 등 양육에 참여하는 가족 구성원과 지도 방안을 공유하고 구체적인 지도 부탁하기

  "오늘 ○○가 높은 곳에 올라가는 일이 있었습니다. 발견 즉시 ○○를 내려오게 하고, 높은 곳을 좋아하는 것 같기에 안전하게 올라갈 수 있는 신체 매트 산을 함께 만들었어요. 그리고 주변에는 안전매트를 깔아 주었습니다. ○○는 올라가고 내려오기를 즐겁게 했어요. 가정에서도 위험한 행동을 하면 성격이 비슷하면서도 안전하게 할 수 있는 활동을 제안해 주세요. 그리고 함께 해 주시기를 바랍니다. 만약 비슷한 대체 활동을 찾지 못할 경우 반드시 부모님 앞에서만 할 수 있도록 지도해 주시기 바랍니다."

(4) 행동지도 결과

유아의 위험행동이 차츰 줄어들게 되었고, 한두 달이 지나자 ○○는 위험행동을 거의 하지 않게 됨.

2. 도덕적 관념 형성을 위한 행동지도

(1) 사례

만 4세 여아 A는 치장에 관심이 많으며 예쁜 사물에 대한 소유욕이 높다. 학기 초 · 중반에는 친구가 잠시 빼둔 장신구(반지 등)를 발견하면 자신의 바구니 안에 넣어두는 모습이 있어 교사의 지도를 받은 적이 있다. 자유놀이 시간에 A는 자신이 즐겨 놀이하는 미술영역에 새롭게 제시된 재료(스팽글)를 발견했다. 교사가 자유롭게 사용해도 됨을 이야기하자 A는 스팽글과 그 외의 다양한 재료를 활용하여 자신의 작품을 만들기 시작했다. 놀이 시간이 지나고 정리해야 하는 시간이 되자 A는 분주히 자신의 작품과 스팽글을 챙겨 개인 바구니에 보관한 후 정리에 참여했다. 다음 날 등원 시간에 A의 어머니가 "선생님. A가 어제 주머니에 넣어서 가져왔더라고요. 선생님이 가져가도 된다고 이야기했다고 하는데 좀 많이 가져온 것 같아서 다시 드리려고 가져왔어요."라고 이야기하며 교사에게

한 줌 정도의 스팽글을 봉지에 담아 건넸다. 교사는 부모의 이야기 중 사실이 아닌 것(선생님이 가져가도 된다고 이야기했다는 부분)에 대하여 정확하게 알리며 A와 일과 중 이야기를 나눈 후 그 상황에 대하여 전달하겠다고 이야기했다.

이 외에도 A는 재활용품 통에 미술재료를 담아 가정에 가져가거나 자신이 놀이에서 자주 사용하는 물건(예: 듀플로 블록의 선물상자)을 개인 바구니 속에 정리해 두고 사용하는 일이 있었다. 이런 일이 있을 때마다 어린이가 등원한 후 교사는 A와 함께 다른 공간으로 이동하여 이야기를 나누었다. 교사는 차분하게 행동에 대한 이유를 물었고 유아의 이야기를 들은 후 A가 한 행동이 옳은지, 다른 사람이 불편함을 겪을 수 있지는 않은지 스스로 생각해 볼 수 있도록 이야기하였다. A는 교사와 함께 기관에서 지켜야 할 약속에 대해 다시금 떠올려 보며 자신의 행동이 다른 사람에게 불편함을 야기할 수 있음을 반성하는 시간을 가졌다. 더불어 등원하며 들었던 A의 어머니의 이야기에 대하여 이야기를 나누니 유아는 상황에 대해 사실과 다르게 이야기한 것에 대하여 자신의 행동이 올바르지 않음을 이해했다. 교사와 바람직하지 않은 행동에 대한 반성 및 해결 방안을 모색했음에도 불구하고 이후에도 A는 교실 내 새로운 자료가 제시될 경우 자신의 개인장에 숨겨 놓고 쓰거나 집으로 가져가는 모습이 종종 관찰되어 가정과 협력해서 지속적으로 지원할 필요성이 대두되었다.

(2) 배경 분석

구분	내용
유아	• 평소 치장에 관심이 많으며 장신구를 많이 하고 등원함 • 예쁜 사물에 대한 소유욕이 있어 종종 친구가 빼둔 장신구를 자신의 개인 바구니에 넣어둔 적이 있음 • 미술영역에서 그리기 도구와 미술재료를 활용하여 자신의 작품을 만들고 가정에 가져가는 것을 좋아함 • 미술자료, 특히 반짝이거나 색이 예쁜 자료에 집착함 • 자신의 올바르지 않은 행동을 알고 있으며 이를 성인에게 들켜 이야기 듣는 것을 두려워함. 이에 때때로 변명 혹은 거짓말을 하는 경우가 있음 • 타인(교사, 부모, 또래)의 시선을 많이 의식하는 편임

가정	• 유아의 행동지도에 소극적임 • 유아가 바람직하지 않은 행동을 할 경우 기관에서 우선 일차적으로 해결해 주기를 바라나 기관에서 행동에 대한 답변을 줄 경우 기관과 연계하여 지도하기 위해 노력하는 모습을 보임
기관	• 한 학급에 2명 이상의 교사가 상주하고 다목적 공간(예: 작은 활동실, 시청각실 등)이 있어 해당 유아와 비밀이 유지되는 환경에서 조용히 이야기할 여건이 됨 • 교실 내에 다용도로 사용할 수 있는 재료를 충분한 양으로 다양하게 제공함 • 안전한 자료라면 교사의 허락 없이 유아가 자유롭게 사용할 수 있음

(3) 행동지도를 위한 전략

1 지식과 태도 알게 하기

- 타인의 물건을 허락 없이 가지고 가는 것은 적절하지 않은 행동임을 알게 하기

  "○○이의 물건을 ○○이의 허락 없이 마음대로 다른 사람이 가지고 가면 ○○이의 마음이 어떻겠니? 그 어떤 물건도 나의 물건이 아닌 것을 함부로 가지고 가는 것은 옳지 않고 다른 사람의 마음을 속상하게 할 수 있는 일이야."

- 기관의 물건은 모두가 함께 쓰는 물건이며 기관 내에서 함께 공유되어야 함을 알게 하기

  "우리 반 교실에 있는 물건은 누구의 것일까? 맞아. 우리 반의 물건이지. 우리 반 어린이들이 모두 사용할 수 있는 물건이야. 그 물건이 사라진다면 ○○이도 친구들도 모두 사용할 수 없을 거야."

- 가져간 물건 혹은 가져가고 싶은 물건이 다른 또래나 교사에게도 꼭 쓰고 싶고 필요할 수 있는 물건임을 알리기

  "○○이처럼 모두 교실에 있는 물건을 집으로 가지고 가면 물건은 점점 어떻게 될까? 물건이 점점 사라진다면 ○○이가 사용하고 싶을 때 마음껏 사용할 수 있을까?"

  "○○이가 사용하고 싶은 물건을 친구가 집으로 가지고 가서 ○○이가 쓸 수 없으면 ○○이의 마음을 어떨 거 같니?"

  "○○이에게 이 물건이 필요했던 것처럼 교실에도 이 물건이 필요한 친구가 있지 않

을까? 그 친구가 사용하고 싶을 때 이 물건이 없다면 친구의 마음은 어떨까?"

- 개인 바구니에 보관해야 하는 것, 보관할 수 있는 것에 대하여 알린 후 유아가 수시로 개인 바구니(개인장)를 확인할 수 있도록 안내하기

  "내 바구니에는 나의 물건을 보관하는 것이고 교실에서 모두가 함께 쓰는 물건은 물건이 원래 있던 자리에 정리해야 함께 쓸 수 있어."

- 거짓말을 하는 것은 옳은 행동이 아님을 알게 하기

  "사실이 아닌 말을 상대방에게 이야기하는 것은 다른 사람에게 상처를 주고 그 사람의 마음을 속상하게 하는 일이야."

2 물리적 지원하기

- 유아가 기관의 물건을 숨기기 어렵게 개인장, 개인 바구니를 공개적인 곳에 두기
- 충분한 양의 놀잇감을 제공해 기관에서 어린이가 원할 때 충분히 사용할 수 있도록 하기

3 개인적 특성을 고려하여 지원하기

- 모두가 있는 앞에서 잘못을 묻지 않기

  타인의 시선을 많이 의식하는 어린이이므로 타인 앞에서 자신의 잘못을 이야기하면 크게 상처를 입을 수 있음. 이에 타인의 시선이 없는 교사와 둘이서만 이야기할 수 있는 공간에서 이야기하여 어린이가 수치심 대신 자신이 존중받고 있음을 느끼며 자신의 잘못에 대하여만 깊게 생각해 볼 수 있도록 지원하기

- 유아의 행동에 잘못을 묻기 전에, 유아가 물건을 집으로 가져간 이유와 가져가서는 안 되는 이유에 대하여 이야기 나누기
- 유아가 자신의 마음에 대해 솔직하게 이야기하고 도움을 청할 때 적극적으로 도움 주기
- 유아가 매력적으로 느끼는 미술자료를 교사와 협의하여 가정으로 가지고 간 후 그를 활용하여 만든 것을 다시 학급으로 가지고 올 수 있도록 하기

4 가정과의 연계를 통해 지원하기

- 가정과 대화하며 교사의 지도 방침을 공유하고 지도 방안 공유하기

  "오늘 교실 내에서 어린이가 학급의 물건을 가지고 가는 일이 있었습니다. 어린이와 어린이의 행동에 대하여 이야기를 나누었습니다. 어린이는 너무 예뻐서 가지고 갔다고 이야기를 했습니다. 어린이의 이야기를 들은 후 어린이의 행동이 옳은 행동이었는지 생각해 볼 수 있도록 이야기를 나누었습니다. 이야기를 나누며 어린이는 자신의 행동이 옳지 않다는 것을 이해하는 모습이었습니다. 그러나 아직 이 시기의 어린이는 이성적으로 판단하고 자신의 욕구를 조절하여 행동하기 어려우므로 지속적으로 알려 주는 과정이 필요합니다. 학급에서도 지속적으로 올바른 행동에 대하여 안내할 예정이니 가정에서도 함께 이야기해 주시면 좋겠고 어린이의 행동을 담은 동화책 같은 자료를 활용하여 재미있게 이야기를 나누는 것도 좋은 일입니다."

- 가정에 학급 물건을 가져왔을 경우를 대처하는 방법에 대하여 공유하기

  "어린이가 학급의 물건을 집으로 가져가는 일이 있었을 경우 사실관계를 명확하게 알기 전까지 야단치거나 추궁하지 않는 것이 좋습니다. 어린이가 자신의 행동이 부적절한 것임을 알고 있다면 야단을 듣는 등의 부정적인 분위기 속에 놓일 경우 자신의 책임을 회피하기 위해 거짓말을 하거나 숨기려 할 수 있습니다. 그보다는 어린이에게 학급의 물건을 가지고 오게 된 경위와 이유를 묻고 어린이의 감정을 먼저 공감해 주는 것이 상황을 해결하기 적절합니다."

(4) 행동지도 결과

교실 내 물건을 가정으로 가져가는 모습이 줄어들게 되었음. 정말로 필요한 경우에만 필요한 재료의 개수를 교사와 함께 의논한 후 가정에 가져가고 그를 활용해 만든 작품을 학급으로 가지고 와서 보여 주는 모습으로 변화했음. 더불어 온정적인 관계를 바탕으로 교사나 성인에게 자신의 마음을 숨기지 않고 이야기할 수 있게 되었음

3. 사례 분석 1: 집단활동에의 집중을 위한 행동지도

(1) 사례

만 4세 남아 A는 집단활동에서 유독 눈에 띄는 유아이다. 모여 앉는 시간 동안, A는 대부분 손가락을 만지작거리거나 다른 곳을 바라보거나 바닥에 엎드리기도 한다. 만 3세 학급에 비해 집단활동을 하는 시간과 횟수가 많아졌음에도 불구하고, 집단활동에 거의 집중하지 못하기 때문에 친구의 생일 그림 그리기와 같이 자율적으로 일과 중에 참여해야 하는 일들을 집단활동 시간에 안내하면 스스로 챙기지 못하는 경우가 많다.

교사는 A의 인지 수준과 활동 수준에 차이가 있어 집단활동에 흥미를 느끼지 못하는 것은 아닐지 우려되어 A의 놀이를 관찰하였다. 그러나 약간 높은 난이도의 퍼즐을 맞추거나 보드게임도 규칙에 따라 능숙하게 하는 것으로 보아 인지 수준의 문제는 아닌 듯하였다.

교사는 집단활동 중에 A의 이름을 부르거나 질문을 하는 등의 노력도 해 보았으나 A가 교사의 이야기에 집중하는 것은 잠시뿐, 금세 창밖을 보거나 두리번거리기 일쑤였다. 심지어 몸을 움직이며 친구 쪽으로 몸을 기울이기도 하고, 친구들의 수를 세기도 하며 "야, 불편해.", "좀 조용히 해."와 같은 친구들의 빈축을 사기도 하였다.

또래에게도 불편함을 끼치는 모습에 교사는 집단활동이 끝난 후, A와 집단활동 시의 바른 태도에 대해 이야기를 나눌 필요성을 느꼈다. 교실 한쪽의 조용한 곳으로 A를 부르자 A는 교사와 개인적인 시간을 갖는 것으로 기대했는지 방긋 웃으며 교사에게 다가왔다. 교사가 온정적인 분위기에서 집단활동을 함께 하는 이유, 바르게 듣고 말하는 태도 등에 대해 알려 주자, A는 곧 불안한 눈빛을 보이며 회피하려 하였다. 교사와 이야기를 마친 유아는 교사를 떠나며 놀이를 하러 가는 길에 친구들이 쌓던 블록을 무너뜨리고 씩씩거리며 울음을 터뜨렸다.

교사는 A의 이러한 모습에 대해 하원 시간을 이용하여 부모에게 전달하였다. A의 불안정함과 집단활동 태도에 대해 전달을 받은 부모는 A가 학기 초에 "친구들이 진-짜 많아!"

라고 했다며 작년에 비해 학급 인원도 많아서 그런 것은 아닌지 A에 대해 변호를 하다가, 사실은 A가 집에서도 산만한 모습을 보인다고 털어놓았다. 부모 모두 맞벌이를 하고 있었고, 최근 A의 동생이 태어나 A와는 함께 있는 시간이 부족해서는 아닐지 부모 역시 고민하고 있었다. 교사가 A와 함께 있는 시간은 어떻게 보내는지 질문하자 어머니는 자신도 힘들어서 집에서는 주로 함께 TV를 보거나 휴대전화를 이용해 동영상을 보여 준다고 하였다.

(2) 배경 분석

유아	
가정	
기관	

(3) 행동지도를 위한 전략

1 지식과 태도 알게 하기

2 물리적 지원하기

3 개인적 특성을 고려하여 지원하기

4 가정과의 연계를 통해 지원하기

4. 사례 분석 2: 올바른 언어 사용을 위한 행동지도

(1) 사례

만 4세 ㅇㅇ반 유아들은 일과를 보내며 똥, 고추, 엉덩이, 똥구멍과 같은 자극적인 단어를 이야기하거나 또래에게 바보, 멍청이와 같은 비속어를 사용하는 경우가 많았다. 한 명의 유아가 자극적인 단어를 이야기하면 다른 유아도 같은 단어를 반복적으로 말하며 서로 즐거워한다. 똥, 엉덩이 등과 같은 단어를 사용하는 것 자체가 잘못된 것은 아니라고 생각하기 때문에 한두 번 사용한 것에 대해서 담임교사는 단호하게 이야기하기보다 맥락에 상관없이 자극적인 단어를 사용하는 것은 상황에 따라 듣는 이를 불편하게 할 수 있음을 안내하는 정도로 이야기하였고 이를 따로 문제 삼지 않았다.

ㅇㅇ반은 자유놀이 시간에 4~5명이 함께 어울려 놀이한다. 놀이 중에는 종종 의견이 충돌하여 갈등 상황이 발생한다. 그러다 보니 때때로 갈등 상대인 또래에게 바보, 멍청이 등 비속어를 사용하는 모습이 나타났다. 그뿐만 아니라 일상적으로도 사소한 실수를 하는 또래에게 습관적으로 비속어를 사용해 또래를 지칭하는 모습이 관찰되었다. 게다가 교사와 경직된 지도 상황을 부담스러워하는 유아는 교사의 눈을 피해 교사가 들리지 않을 방법으로 비속어를 또래에게 사용하는 경우도 생겼다.

이렇듯 특정 대상을 지칭하거나 서로를 가리키며 비하하는 방식으로 단어를 사용하는 일이 생겼고 원래 단어의 의미와 관계없이 상황과 맞지 않는 자극적인 단어를 반복하여 사용하는 것은 연령에 적절하지 않은 언어 생활습관이라 생각하였다. 따라서 교사는 보다 적극적인 지도가 필요함을 느꼈다.

학기 초 만 4세 유아는 도덕적 행동을 실천하는 데 성인의 칭찬이나 지도와 같은 외부적인 요인의 영향을 받는다. 그러므로 외부적인 요인이 없다면 자신의 욕구와 도덕적인 행동이 충돌할 때 내가 원하는 행동을 우선시하는 모습이 많이 보인다. 또한, 또래 관계가 발달하여 또래 간 언어적 상호작용의 질이 낮은 수준에서 높은 수준으로 발달하는 과도적인 시기를 거치고 있기 때문에 교사는 신중하고 적극적인 개입이 필요하다고 생각했다.

(2) 배경 분석

유아	
가정	
기관	

(3) 행동지도를 위한 전략

1 지식과 태도 알게 하기

2 물리적 지원하기

3 개인적 특성을 고려하여 지원하기

4 가정과의 연계를 통해 지원하기

4. 만 5세의 문제행동지도

1. 승패에 유연한 대처를 위한 행동지도

(1) 사례

만 5세 유아 A와 B는 쌍둥이 형제이다. A와 B가 속한 반의 남아 대다수는 주말 동안 야구와 같은 운동경기를 시청 또는 직접 관람하는 가정문화를 가지고 있기 때문에 자연스럽게 야구를 비롯한 스포츠 경기에 많은 관심을 보인다. A와 B를 비롯한 반 남아는 기관 외 활동으로 어린이 야구교실이나 축구교실을 함께 등록해서 다니고 있다. 기관에서 실내외 대근육 활동 시간에도 A와 B는 또래와 어울려 축구나 야구, 피구와 같은 경기를 하며 시간을 보낸다.

A와 B 형제는 또래와 하는 운동경기에서 '이기지 않으면 안 된다.'라는 생각을 강하게 가지고 있다. 또래와 자유롭게 운동경기를 하고 자신이 속한 팀이 이겼을 때는 매우 즐거워하며 승리의 기쁨을 표현한다. 반대로 졌을 때는 패배에 대해 분한 마음을 화와 거친 행동(소리 지르기, 또래를 향해 무서운 표정 짓기 등)으로 표현하거나 경기가 공정하지 않았다는 등의 이유를 들어 상대편의 승리를 깎아내린다. 특정 또래에게 반복적으로 진 경험이 있는 경우에는 일상에서 그 또래에게 불친절하고 적대적인 태도를 보이기도 한다. 또래보다 체격이 크며 운동신경이 좋은 편으로 또래 사이에 인지도가 높았던 A와 B의 행동은 모델링이 되어 다른 남아들 사이에서도 '이기는 것 = 뛰어난 것, 지는 것 = 분하고 억울한 것'이라는 사고가 형성되고, 이를 표현하는 적절하지 않은 태도도 닮아 간다.

A와 B가 함께 지내는 만 5세반의 담임교사는 반 남아들이 다양한 스포츠에 관심을 갖고 대근육 활동 시간에 활동적인 운동을 하는 것을 긍정적으로 본다. 다만 운동경기 결과에만 집중하는 것이 아니라 운동에 참여하는 과정에서 스포츠의 진정한 즐거움을 느끼기를 바란다. 교사는 운동경기에 선수로서 또는 심판으로서 참여하며 운동경기를 즐기는 것과 경기 결과를 공정하게 바라보는 태도를 보여 준다. 또한, A와 B가 승패에 민감하게 반응하며 진정한 스포츠 정신에 맞지 않는 태도를 보일 때, 이를 제재하고 성숙한 태도를 보일 것을 지도한다.

부정적인 행동에 대한 교사의 직접적인 지도는 기관 내에서의 운동경기에서는 효과를 발휘하겠지만 기관 외에서도 A와 B를 비롯한 반 남아들이 함께 어울려 운동경기를 하고 있었기 때문에 가정과의 협력이 필요하다. A와 B의 어머니는 남성적인 성향만 강하고 승부욕이 강한 쌍둥이 아들의 특성에 대해 잘 알고 있기 때문에 교사의 협력 요청에 적극적으로 응하였다. A와 B의 성향에 많은 영향을 미치는 아버지와도 이 문제에 대해 논의하고 교사의 지도 방향에 적극적으로 따르겠다는 반응을 보였다.

(2) 배경 분석

구분	내용
유아	• 쌍둥이 형제로 상황에 따라 서로의 편이 되어 지원해 줌 • 스포츠를 즐기는 가정환경의 영향으로 야구 경기를 자주 보고 경기 결과에 대해 많은 이야기를 함 • 기관 외에서도 야구와 축구 경기를 하는 체육활동을 함 • 만 5세의 특성상 복합운동기능 발달 및 복잡한 규칙에 대한 이해 능력이 발달하여 다양한 운동경기에 흥미를 보이며 참여함 • 만 5세 시기에는 개인의 능력에 대한 객관적 시각이 발달하는데, 이 영향으로 쌍둥이는 또래와 자신의 능력을 이기고 지는 것으로 비교하고 있음
가정	• 해당 기관에 자녀를 오래 보내며 기관과 교사에 대한 신뢰가 높음 • 자녀의 성장과 교육에 관심이 높고 교사와 이와 관련된 협력 의지가 높음 • 어머니가 주로 양육하며 아버지와는 주말 동안 야구 경기를 관람하거나 운동경기를 하며 시간을 보냄
기관	• 하루 1시간 이상 강당놀이나 산책 등 대근육 활동 시간을 가짐 • 운동경기에 관심이 많은 유아의 특성을 반영하여 축구, 피구의 규칙과 경기 방법을 알아보고 신체활동으로 진행할 수 있도록 지원함 • 승패에 민감하게 반응하는 유아의 태도에 기관 내에서 직접적인 지도를 하고 있지만, 일차원적인 방식이며 지속적인 효과를 기대하기 어려움

(3) 행동지도를 위한 전략

1 지식과 태도 알게 하기

- 운동경기 자체의 즐거움을 알게 하는 분위기 형성하기

"운동경기할 때 어떤 점이 재미있니?"
"친구와 함께 운동하면 어떤 기분이 드니? 왜 그런 기분이 드는 걸까?"
"이렇게 같이 몸을 움직이니까 정말 신난다. 내일도 우리 같이 축구 경기할까?"

- 이기고 지는 것이 뚜렷하지 않고 협력하는 신체활동 실행하기

예 모두가 한 팀이 되어 이루어야 하는 공동의 목표가 있는 신체활동: 1분 안에 공 전달하기, 장애물 통과하기

- 운동경기의 승패는 일시적인 결과임을 인지하도록 돕기

"이길 때가 있으면 질 때도 있고 반대로 질 때가 있으면 이길 때도 있는 거야."
"지금 당장은 계속 지는 것처럼 보이지만, 계속 노력하면 언젠가 잘하게 될 수 있어."

- 대근육 활동 시간에 일어나는 문제 상황에 대해 유아와 토의하기

예 '경기가 끝난 뒤에도 경기 결과를 가지고 자랑을 하는 경우'에 대해 토의하기 : 운동경기가 끝난 뒤 이긴 어린이가 지나치게 자랑을 하고 계속해서 이긴 것을 이야기하는 것이 경기에서 진 친구에게는 자신을 무시하는 기분이 들어 불편함을 이야기 나눔. 이기고 지는 것은 언제든 서로 바뀔 수 있기 때문에 이긴 순간에 자랑만 하는 것은 지혜로운 태도가 아니고 경기 결과는 결과일 뿐이므로 경기가 끝난 뒤에는 경기 결과에 대해서 반복해서 이야기하는 것을 자제하기로 약속함

- 스포츠 정신에 대해 알아보고 우리 반의 스포츠 정신 목록 작성해 보기

"스포츠 정신이라는 말을 들어보았니? 스포츠 정신은 운동할 때 가져야 하는 올바른 생각이나 행동을 일컫는 말이야. 어떤 것이 스포츠 정신이 될 수 있을까?"
"우리 반의 스포츠 정신 목록을 작성한다면 어떤 스포츠 정신이 포함되면 좋겠니?"

예 - 경기 결과와 관계없이 끝까지 최선을 다해 운동경기에 참여하기
- 이긴 사람은 진 사람에게 격려해 주기 / 진 사람은 이긴 사람 축하해 주기

2 물리적 지원하기

- 운동경기 중에 휴식시간을 적절하게 배치하여 지나치게 흥분하지 않도록 하기
- 실패를 딛고 일어선 위인, 특히 운동선수를 다룬 그림책 제공하기

3 개인적 특성을 고려하여 지원하기

- ○○와 △△가 서로 다른 편에 포함되어 운동경기가 진행될 수 있도록 하기
- 운동경기 후 결과를 성숙하게 받아들이는 태도를 훈련하기

  "이번 경기를 할 때 상대편이 없었으면 이런 즐거운 경기를 할 수 없었을 거야. 상대편 친구에게도 수고했다는 격려의 박수를 쳐주자."

- 승패에 대해 과도한 정서적 표현을 하는 경우 즉각적으로 지도하기

  "○○랑 △△, 너희가 지금 보여 주는 태도는 진정한 스포츠 태도라고 보기 어려워. 진짜 운동경기를 즐기는 유명한 운동선수들은 경기 후에도 결과를 있는 그대로 멋지게 받아들여."
  "○○야, 네가 이긴 것은 기분이 좋은 일이지. 그런데 반대로 네가 졌을 때 친구가 지나치게 자기가 이긴 것만 좋아하고 너는 졌다고 무시한다면 어떨까?"
  "△△야, 네가 졌다고 화를 내거나 불편한 표정을 짓는다면 함께 경기를 하는 친구들도 불편할 것 같아. 네가 운동경기에 마음을 진정하고 공정한 태도로 참여할 수 있을 때 다시 경기에 참여했으면 좋겠다. 물 한 잔 마시고 책 한 권을 보며 마음을 좀 가라앉힌 뒤에 선생님과 이야기하도록 하자."

4 가정과의 연계를 통해 지원하기

- 가정에서 운동경기를 시청할 때 부모님이 보여 주셔야 하는 행동 모델에 대해 이야기 나누기

  "어머니, ○○와 △△가 승패에 집중하는 태도를 줄이기 위해서는 야구 경기를 시청할 때 부모님이 상호작용하는 방식에도 변화가 필요합니다. 우선 ○○와 △△가 응원하고, 좋아하는 팀이 이겼는지, 졌는지에 너무 집중하지 않도록 경기 결과보다는 경기를 시청하는 과정에서 느끼는 즐거움에 집중할 수 있도록 분위기를 조성해 주

세요. 야구 경기를 보다 보면 상대편의 태도에 대해 비난하기 쉬운데 그런 것들은 아이와 함께 경기를 보실 때는 자제해 주십시오. 때로는 자기편의 잘못에 대해서도 객관적으로 이야기해 주시거나 야구 경기 중의 재미있는 요소, 집중해야 하는 요소는 무엇인지 이야기하시는 것이 좋습니다. 그리고 경기의 결과에 대해서만 이야기하지 마시고 특히 졌을 때 '다음에는 또 이길 수 있을 거야. 졌다고 실력이 없는 것이 아니라 운이 따르지 않았을 수 있고 또 언젠가 이기는 날이 올 거야.'라는 긍정적인 태도를 모델링해 주세요."

- 하원 후 참여하는 체육활동에서 보였던 승패와 관련된 행동을 지도할 수 있는 구체적인 방법 제시하기

  "○○반에서는 ○○가 승패에 지나치게 집중하는 태도를 보일 때 다음과 같이 지도하고 있습니다. 일상적으로 운동경기의 결과로서 승패는 일시적이며 그것보다 더욱 즐거운 운동을 하는 과정이 있었음에 대해서 지속적으로 안내하고 있습니다. ○○가 이겨서 기쁜 마음을 과도하게 표현하며 상대방을 비하하는 것으로 보일 경우에는 또래가 있었기 때문에 재미있는 경기를 하고 이기는 경험도 할 수 있었으므로 상대편을 존중해 주어야 한다는 것과 훌륭한 운동선수는 멋진 스포츠 정신을 가지고 있기 때문에 그러한 행동을 하지 않는다는 것을 알려 줍니다. 또 패배하여 부정적인 감정을 지나치게 표현하는 경우에는 그 순간에는 ○○에게 더 이상 운동경기에 참여할 수 없는 상태임을 안내하고 조금 감정을 가라앉힐 수 있도록 물을 마시고 책을 보고 난 뒤 교사와 대화를 하도록 합니다. 패배의 경험은 지속되는 것이 아니라 일시적인 것이므로 긍정적인 마음을 갖고 참여한다면 또 이기는 즐거운 경험을 할 수 있다고 안내하고 있습니다."

(4) 행동지도 결과

한 학기 정도 시간이 지났을 때, ○○와 △△가 점차 운동경기의 승패에 과민한 반응을 보이지 않게 되었음. 더 나아가 자신이 속한 팀이 졌을 때는 속상해하는 다른 친구를 격려하며 이끌어 가는 발전되고 성숙한 태도를 보여 주었음

2. 올바른 독서습관을 위한 행동지도

(1) 사례

만 5세 A는 그림책에 있는 글씨를 모두 읽을 수 있고, 자신이 원하는 말을 문장으로 쓰는 데 불편함이 거의 없을 정도로 읽기/쓰기 능력이 선행적으로 발달한 유아이다. 학기 후반에 들어서자 글을 빠르게 읽는 능력과 글을 읽고 문맥을 이해하는 능력이 더욱 향상됨과 동시에 점차 길이가 긴 책을 선호하게 되었다. 두꺼운 책을 한 권 다 읽었을 때 큰 성취감을 느끼는 모습 또한 관찰되었다. 그런데 A의 반 친구가 한자를 소재로 한 만화책을 가져와 소개하면서 A의 관심은 아동용 만화책으로 이동되었다. 아동용 만화책의 경우 일반 그림책보다 이야기 전개가 빠르고, 두께가 있는 편이라 A는 만화책에 더욱 빠져들게 되었다.

이후 A는 기관에서도 또래가 가져오는 만화 형식의 아동용 도서(속담 책, 위인 책 등)만 읽기를 원하였다. A뿐만 아니라 또래 친구들도 점차 만화책을 선호하는 모습을 보이기 시작했다. 기관에서 만화책이 유행처럼 번져 서로 새로운 만화책을 사 와 또래의 관심을 끌고자 하는 모습을 보였다. 이로 인해 어린이들이 다양한 장르의 책을 고르게 접하지 못한다는 문제가 생겼다. A의 그림 작품 역시 점차 만화 속 그림체 형식을 띠게 되었다.

부모님과 도서관이나 서점에 갈 때도 다른 형식의 책은 별로 재미가 없다고 주장하며, 만화책만을 고집하는 행동이 짙어졌다고 부모님께서도 걱정스러운 목소리를 내기 시작하셨다. 오늘도 만화책만 집중하여 읽는 A의 모습을 바라보며, 교사의 고민 역시 깊어져만 간다.

(2) 배경 분석

유아	• 가정과 기관에서 책 읽기를 즐기는 유아이며, 평소 서사가 있는 책(환상 그림책, 옛이야기 그림책, 위인 그림책 등)을 선호함 • 읽는 속도가 빨라지면서 평소에 읽던 그림책이 아닌 호흡이 긴 책으로 관심이 옮겨감 • 학습 욕구가 높은 유아임 • 만화책에 대한 관심이 급증함과 동시에 학습만화를 통해 갈증을 해소함

가정	• 자녀의 양육과정에서 나타나는 문제를 교사와 적극적으로 상의하며, 개선을 위해 노력함 • 지역도서관이나 서점에 자녀와 자주 방문하며, 유아가 다양한 책을 접할 수 있도록 도움 • 다양한 종류의 책을 좋아하던 자녀가 만화책만 보려고 하는 것에 문제의식을 느끼고는 있으나 어떻게 지도해야 할지 몰라 고민 중임
기관	• 기관 내에 서가 및 어린이 도서관이 잘 마련되어 있음 • 다양한 주제와 형태의 책(색칠 그림책이나 스티커 책은 제외)을 가정에서 가지고 와 교실 책꽂이에 꽂아 두고, 또래와 자유롭게 보는 것을 허용함 • 만 5세 학급의 경우 일정하게 책을 읽는 시간(예: 등원 후 3권, 휴식시간 2권 등)이 정해져 있음. • 일주일에 한 번씩 가정으로 양서를 대출해 갈 수 있는 도서대출 프로그램이 안정적으로 운영되고 있음

(3) 행동지도를 위한 전략

1 지식과 태도 알게 하기

• 책의 다양한 장르와 각각의 장점이 있다는 것을 이야기 나누기 시간을 통해 알게 하기

"초등학생 형님들이 많이 읽은 책 대부분이 만화책이라는 조사 결과가 있어. 어렵게 느껴질 수 있는 역사나 위인 이야기를 쉽고 재미있게 알려 준다는 점에서 학습 만화책의 장점도 분명 있단다. 하지만 만화책을 너무 많이 보면 어린이들은 어떻게 될까? 좋기만 할까? 어린이는 멋진 상상을 많이 하며, 충분히 생각하고 자라야 하는데 만화책은 이러한 어린이들의 상상을 가로막는다는 단점이 있어. 그림과 글씨가 순식간에 너희들의 눈과 머릿속으로 들어오기 때문에 너희가 미처 생각할 틈이 없어지게 되는 거야. 생각하는 횟수가 줄어들면 그만큼 생각주머니 역시 작아질 수밖에 없지. 그리고 만화책을 즐겨 읽게 되면 줄글을 맛볼 수 있는 힘과 능력이 너희들이 느끼지 못하는 사이 줄어들게 돼. 너희들도 잘 생각해 봐. 만화책을 읽고 난 다음에 이전보다 줄글 읽기가 힘들어지지 않았니?"

- 독서와 관련한 학급 규칙 마련에 참여하고, 지키도록 지원하기

  "○○반에서 책 읽기 약속을 정했으면 하는데, 너희들 생각은 어떠니? 선생님이 요즘 관찰해 보면, 만화책만 보거나 책 장면을 대충 휘리릭 넘기는 모습을 관찰할 수 있었어. 너희들의 마음과 머리를 풍부하게 채워 주는 소중한 책을 다양하게 잘 읽기 위해서는 어떤 약속이 필요할까?"
  "만화책이 아닌 다른 책을 우선적으로 3권 이상 본 후에 학습 만화책을 보도록 하자."

2 물리적 지원하기

- 다양한 양서 교실에 제공하기

  예 길이가 긴 책부터 짧은 책, 흥미 위주의 책, 위인전, 동시 등 어린이들의 다양한 관심사와 수준을 고려하여 흥미로운 언어 환경 제공하기

- 조용하게 긴 글을 읽을 수 있는 조용하고 독립적인 장소와 시간 마련하기
- 길이가 긴 책을 한 번에 다 읽지 못하더라도 이어서 읽을 수 있는 장치 제공해 주기

  예 책갈피, 포스트잇 등

3 개인적 특성을 고려하여 지원하기

- 유아가 흥미를 느낄 만한 소재의 아동용 도서 추천해 주기

  초등학교 저학년용 아동용 도서 몇 권을 추천해 주어 긴 글에 대한 갈증을 해소할 수 있도록 도움

- 오디오북 듣게 하기

  오디오북을 듣게 지원함. 이야기를 집중해서 듣는 가운데 그림 속의 장면을 상상하는 능력이 길러질 수 있다는 장점이 있음. 낮잠을 자기 전 혹은 휴식 시간에 오디오북을 들을 수 있도록 지원함

4 가정과의 연계를 통해 지원하기

- 부모님께도 이야기 나누기 결과 알려 드리기

  "어린이들과 함께 만화책의 장·단점을 살펴보았습니다. 먼저 아이들이 어떠한 형태의 책이든 읽기라는 행위 자체를 즐기게 된다는 점과 한자/역사 등 다소 딱딱하게 느껴질 수 있는 지식을 즐겁게 습득할 수 있다는 점에서는 학습 만화책의 긍정적인 측면을 부정할 수 없겠지요. 그러나 최근 ○○반 어린이들 전체적으로 만화책 편식이 심해지는 경향이 있어 이야기를 나누게 되었습니다. 만화책을 많이 볼 경우 어린이의 상상력이 제한된다는 단점이 있습니다. 더하여 어린이들이 줄글 읽기에 대한 부담감을 가지게 될 수 있습니다. 초등학교에 입학하기 전 우리 어린이들은 언어 이해력을 향상시켜야 합니다. 문자를 단순히 읽는 것뿐만 아니라 글 속에서 의미를 읽어 내야 하죠. 글자 속 이야기를 충분히 곱씹고 느끼면서 장면을 머릿속으로 상상하는 능력이 필요한 시기인데, 그러한 힘이 약해지게 됩니다. 어린이들에게 '그림책을 몇 권 읽은 후에야 만화책을 읽을 수 있다.'라는 약속을 부모님과 협의하여 정해 보라고 이야기해 주었습니다. 조금씩 만화책을 줄이고, 일반 책을 즐기는 습관을 함양할 수 있도록 지원해 주세요."

- '우리 반 도서추천 목록'을 만들어 교실 밖 활동으로 확장시키기

  학급 내 도서추천 목록을 만들어 가정통신문이나 문 앞 게시물을 통해 공지함. 다양한 장르의 책이 들어가도록 하되 목록에서 만화는 삭제하였음. 이달의 추천도서를 읽은 어린이는 앞으로 나와 느낀 점을 말할 수 있도록 지원함. 어린이들은 발표 기회를 얻게 된 것을 좋아하며, 활발한 참여를 보였음. 이 과정을 통해 다양한 장르의 책에 관심 가지게 할 수 있었음

(4) 행동지도 결과

다양한 종류의 도서를 적절하게 섞어 읽으려 노력하는 모습을 보이게 됨

3. 사례 분석 1: 산만한 유아를 위한 행동지도

(1) 사례

만 5세 슬기반에서 A는 장난꾸러기 친구로 또래 사이에서 인식되고 있다. 자유놀이 시간에 한 가지 놀이를 몰입하기보다 자동차나 로봇을 만들어 교실 곳곳을 누비며 몸으로 놀이하다가 바닥에 있는 놀잇감을 밟거나 또래가 만든 구성물을 부수는 일이 잦다. 그리고 A가 몸으로 놀이하는 것은 과격한 동작으로 발전해 교실 내에 책상에 부딪히거나 넘어지는 등의 일이 일어나기도 한다. 일과 전반에 활동적이고 에너지가 넘치는 A는 강당이나 야외에서 갖는 대근육 활동 시간을 가장 즐거워하지만 이 시간에도 주변을 살피지 않고 무작정 앞만 보고 뛰는 경향이 있어 친구와 부딪히거나 활동 공간에 있는 구성물에 부딪히는 경우도 잦아 몸에 타박상이 매우 많다.

한편 A는 슬기반에서 집단활동 시간 참여를 가장 힘들어한다. 집단활동을 위해 교사와 또래가 모여 앉을 때 같이 모여 앉기는 하지만 활동이 시작된지 얼마 되지 않아 주의가 산만해진다. 특히 의자가 아닌 바닥에 앉았을 때 바닥에 드러눕거나 양말을 벗었다 신었다 하며 발을 만지거나 완전 등을 돌려 뒤나 옆에 앉은 또래에게 장난을 치는 경우가 자주 관찰된다. 집단활동 이후에 후속 활동을 진행할 때에도 A는 과제를 완수하는 것을 힘들어하며 다른 것에 관심이 빼앗긴 채로 시간을 보내는 경우가 많다. 슬기반 대부분의 유아가 집단활동 시간 참여도가 높고 후속 활동의 과제 완수와 같은 활동 참여를 통해 성취를 인정받는 것을 좋아하는 성향이 많아 산만한 A의 태도는 더욱 눈에 띈다.

A의 어머니는 초등학교 교사로 건강상의 문제로 장기간 휴직하다가 A가 만 5세반에 올라오면서 복직하였다. A의 아버지는 대학병원 소속 치과의사로 주말에도 출근하여야 할 정도로 바쁜 편이다. A의 등 · 하원은 외할머니가 주로 담당한다. A의 산만함으로 인한 일과 중에 문제나 지도 상황을 외할머니께 전달하면 매번 교사에게 죄송해하시며 가정에서도 잘 이야기하겠다고 말씀하신다. 또한, 초등학교 진학이 다가올수록 A의 행동에 대해 가정에서 모두 걱정이 많다는 이야기를 하신다. A의 외할머니와 부모님은 예의 바르고 침착한 성향으로 자녀에게 매우 차분하게 상호작용을 한다. A의 부모님은 외동아들인 A가 건강하게만 자라도 감사하게 생각하시는 편이었지만, A가 만 5세반에 진학하고

부터는 바른 행동하기와 관련된 규칙을 강조하고 있다. 다만, 가정에서는 A의 행동을 쉽게 통제하기 위해 겁을 주는 방식(예: 계속 산만하게 행동하면 ADHD라는 병에 걸려 병원에 가고 약을 먹어야 함)을 주로 사용하는 것으로 확인되었다.

슬기반 담임교사는 A와 만 4세반에 이어 만 5세반에서도 함께 지내고 있다. 교사는 만 4세반에서는 일상생활습관이 잘 잡혀 있지 않아 스스로 할 수 있는 것이 거의 없던 A에게 일상생활습관을 바르게 형성시켜 주고 일과의 규칙성을 이해하고 따라올 수 있도록 지도하는 데 중점을 두고 지도하였다. A의 산만함은 만 4세반에서도 관찰되었지만 또래 간에 문제를 일으킬 정도는 아니었다. 하지만 만 5세반에서 A의 산만함은 또래 관계에 영향을 미칠 뿐만 아니라 A의 신체적 안녕에도 위협이 될 수 있어 교사는 A의 산만함을 줄이기 위해 자주 A에게 침착할 것을 이야기하고 A가 진정해야 하는 이유에 대해 설명한다. 하지만 이보다 효과적인 지도 방안의 필요성을 느끼고 있으며 A의 산만한 태도는 기관에서의 문제만이 아니라 기관 외에서도 마찬가지기 때문에 가정과 연계한 지도 방안을 고민 중이다.

(2) 배경 분석

유아	
가정	
기관	

(3) 행동지도를 위한 전략

1 지식과 태도 알게 하기

2 물리적 지원하기

3 개인적 특성을 고려하여 지원하기

4 가정과의 연계를 통해 지원하기

4. 사례 분석 2: 신체활동 참여를 위한 행동지도

(1) 사례

강당에서 대집단으로 유니바 뛰어넘기, 원형 훌라후프 통과하기 등 장애물을 통과하는 신체활동을 하고 있을 때였다. 만 5세 남아 A는 인상을 쓰며 "난 장애물 통과하기 싫어! 장애물 통과하기가 제일 싫어!"라고 소리쳤다. 교사가 A에게 신체활동의 유익에 대해 알렸지만 A는 "난 장애물 통과하기가 제일 싫어. 이런 건 안 할 거야."라고 말하며 고집을 부렸다. 신체활동을 즐기던 주변 유아가 활동을 멈추고 A의 행동을 주목하기 시작하자, 교사는 A와 함께 다른 공간으로 이동하였다. 교사는 유아에게 물을 마실 것을 권유하며 감정을 가라앉힐 수 있도록 도움을 주었다. 교사가 차분한 어조로 A에게 "왜 장애물 통과하기 활동이 싫은지 물어봐도 될까?"라고 물었다. A는 작은 목소리로 "장애물이 무너져버리는 게 싫어요."라고 말했다. 교사는 "네가 장애물을 통과할 때 장애물이 무너지는 게 싫었구나. 하지만 장애물을 통과하다가 무너질 수도 있는 거야. 그리고 여러 번 장애물 통과하기를 도전해 봐야지 무너뜨리지 않고 잘 통과할 수 있는 새로운 능력을 기를 수 있어. 선생님은 네가 친구들과 함께 즐겁게 도전하면 좋겠어."라고 말하며 A를 다독였다. 하지만 A는 바닥만 응시하며 "그래도 난 장애물 통과하기를 하고 싶지 않아요."라고 말했다. 교사는 일단 강당에서 친구들이 하는 모습을 앉아서 지켜보다가 장애물 통과하기를 하고 싶은 마음이 들면 시도해 보자고 제안하였다. A는 교사의 제안을 받아들이고 강당으로 돌아왔다. 교사는 강당에 A가 의자에 앉아 친구들이 신체활동을 하는 것을 지켜볼 수 있도록 하였다.

평소 A는 바쁘신 부모님 대신 외할머니와 등 · 하원을 하였다. A의 외할머니는 교사에게 A를 양육하며 겪는 어려움을 자주 토로하셨다. A가 듣고 있는 앞에서 "쟤가 왜 저러지? 어휴 정말. 쟤가 왜 저러는지 난 모르겠어. 다른 애들은 안 그러죠. 선생님?"과 같은 말도 많이 하셨다. A를 탓하거나 나무라는 또는 A를 또래와 비교하는 말씀도 서슴지 않으셨다. 교사는 강당에서 있었던 일을 전달해야 할 필요성을 느꼈으나 A가 듣는 곳에서 말하면 위축될 수 있으므로 조용히 말씀드리는 것이 좋겠다는 판단이 들었다. 하원 시간에 교사는 A의 외할머니가 오신 것을 확인하였다. 이를 A에게 알리지 않고, 다른 담임교사에게교실을 맡긴 뒤문 앞에서 A의 외할머니와 조용히 이야기를 나누었다. 강당에서의 상황을 전달하자 외할머니는 A가 겁이 많고 엄살이 심하여 동네 놀이터에서 암벽 등반, 징검다리 건너기와 같은 놀이를 해 보자고 제안해도 싫다고 거부하며 시도조차 하지 않는다고 어려움을 호소하셨다.

(2) 배경 분석

유아	
가정	
기관	

(3) 행동지도를 위한 전략

1 지식과 태도 알게 하기

2 물리적 지원하기

3 개인적 특성을 고려하여 지원하기

4 가정과의 연계를 통해 지원하기

집 필 진

김희진	이화여자대학교 유아교육과 교수
김은영	이화어린이연구원 원감
성민주	이화어린이연구원 교사
송정아	이화어린이연구원 교사
안정원	이화어린이연구원 교사
윤진주	이화어린이연구원 교사
이세영	이화어린이연구원 교사
이주은	이화어린이연구원 교사
이초원	이화어린이연구원 교사
최혜윤	이화어린이연구원 교사

(교사는 가나다 순임)

어린이교육의 기본 바로 알기 시리즈 ⑨

영유아교육기관에서의 행동지도 바로 알기

초판 1쇄 인쇄 2018년 7월 25일
초판 1쇄 발행 2018년 7월 31일

지 은 이 | 김희진 · 김은영 · 성민주 · 송정아 · 안정원
윤진주 · 이세영 · 이주은 · 이초원 · 최혜윤
펴 낸 이 | 김기섭
편 집 인 | 김민수
펴 낸 곳 | 창지사 www.changjisa.com
08589 서울시 금천구 가산디지털 1로 83 파트너스타워 1차 9층
전화 (02)719-2211~3
팩스 (02)701-9386
등 록 | 1977년 4월 28일 · 제1-421호

ISBN 978-89-426-1147-8 (93370)

값 7,000원

이 도서의 국립중앙도서관 출판예정도서목록(CIP)은 서지정보유통지원시스템 홈페이지(http://seoji.nl.go.kr)와 국가자료공동목록시스템(http://www.nl.go.kr/kolisnet)에서 이용하실 수 있습니다.(CIP제어번호: CIP2018023148)